本书受泰山学院博士科研启动资金资助

税收优惠对企业创新的激励效应研究

王铁萍◎著

九州出版社
JIUZHOUPRESS

图书在版编目（CIP）数据

税收优惠对企业创新的激励效应研究 / 王铁萍著 .
—北京：九州出版社，2021.5
ISBN 978-7-5225-0053-9

Ⅰ . ①税… Ⅱ . ①王… Ⅲ . ①税收政策—优惠政策—
影响—企业创新—研究—中国 Ⅳ . ① F812.422
② F279.23

中国版本图书馆 CIP 数据核字（2021）第 097363 号

税收优惠对企业创新的激励效应研究

作　　者　王铁萍　著
责任编辑　李创娇
出版发行　九州出版社
地　　址　北京市西城区阜外大街甲 35 号（100037）
发行电话　（010）68992190/3/5/6
网　　址　www.jiuzhoupress.com
印　　刷　天津中印联印务有限公司
开　　本　710 毫米×1000 毫米　16 开
印　　张　12.5
字　　数　205 千字
版　　次　2021 年 6 月第 1 版
印　　次　2021 年 6 月第 1 次印刷
书　　号　ISBN 978-7-5225-0053-9
定　　价　49.00 元

创新是引领经济发展、促进经济可持续增长的源动力。目前，我国正从"中国制造"向"中国创造"转型，愈加重视企业创新。党的十八大明确要坚持走中国特色自主创新道路、实施创新驱动发展战略。党的十九大指出要加快建设创新型国家，进一步明确了创新在经济发展中的重要地位。我国经济要想继续保持快速稳定发展的态势，就必须打破传统、向创新驱动方向发展。实现经济转型升级的关键在于科技创新，只有提高生产效率、提升企业核心竞争力，才能够凭借着技术优势来抢占更多的国际市场，实现国家综合实力的持续提升。随着我国经济进入发展的新常态，创新驱动的影响越来越显著。很多企业已经充分认识到创新活动的重要性，并开展了多种形式的创新。据国家统计局相关数据显示：2019 年，我国研发经费同比增长 11.6%，具体数额高达 17,500 亿元，其增速同比增长了 1%。研发经费投入强度和 2018 年相比，提升了 0.01%，在国民生产总值中所占比重为 2.12%。从研发活动主体来看，2019 年，企业研发经费同比增长 13.1%，具体金额高达 13,733 亿元。在研发支出转化效率方面，《2019 世界知识产权指标》报告显示在专利申请、商标和工业品外观设计申请量方面，中国屡屡再创新高。

创新是企业增强市场竞争力、稳定市场地位的重要手段，但创新活动存在研发投入大，研发风险高、收益不确定的特点，导致资金链单一、财力不强的企业缺乏研发动力，对创新活动只能望洋兴叹，不是"不想"创新，而是"不敢"创新，企业创新投入往往低于社会最佳水平，即"市场失灵"。因此，政府有必要利用"有形之手"干预市场，以弥补市场"无形之手"的缺陷。截至目前，我国陆续推出了 83 项税收优惠措施，初步形成以企业所得税为主的创新税收优惠体系，既有研发费用加计扣除、技术转让优惠等普惠式政策，也有高新技术企业 15% 税率等特定行业的税收优惠。作为政策收入的让渡，大规模、高强度的税收优惠政策效应值得深入分析。税收优惠措施是否激励了企业创新？税收优惠对企业创新是否存在长期效应？税收优惠对异质性企业的激励效应是否存在差异化？这些都是学界和业界亟待解决的现实问题。

本书以沪深 A 股上市公司为研究样本，全方位、多角度地检验了税收优惠对企业创新的激励效应，为充分发挥财税政策的激励效应，优化财税政策导向，加强财税政策的针对性提供实证依据。

本书共有七章，具体内容如下所示：

第一章，引言。主要介绍问题的提出、研究背景、研究的理论价值与实践意义。

第二章，文献综述与理论基础。本书综合运用熊彼特理论、古典经济理论、国家创新理论、内生经济增长理论与市场失灵理论系统诠释税收优惠对企业创新的作用机制及其激励效应，从理论上对税收优惠的激励路径进行较为深入的规范研究，为后续研究提供基础。

第三章，我国税收优惠政策的现状分析。我国税收优惠政策存在双主体，直接优惠形式占主体地位，重点鼓励高新企业与小微企业创新，强调创新投入与研发环节等特点，同时存在政策设计缺乏系统性与前瞻性，政策考察评估机制不健全等不足。

第四章，税收优惠对企业创新的实证检验。通过逐步回归模型验证了税收优惠对企业创新的激励效应，通过双向固定效应模型检验了税收优惠政策的不断变化对企业创新的激励效应及不同幅度税收优惠对企业创新的激励效应。

第五章，税收优惠与企业长期创新的激励效应研究。通过双向固定效应模型检验了税收优惠对企业长期创新的激励效应及持续性税收优惠对企业创新的激励效应，比较了税收优惠对企业发明、实用新型、外观设计等不同创新产出的激励程度，得出了税收优惠能够显著激励企业发明专利创新的结论。

第六章，税收优惠与异质性企业创新的实证检验。通过双向固定效应模型检验了不同企业性质、不同经济区域、不同生命周期、不同行业、不同规模的情况下税收优惠对企业创新的激励效应，对比了税收优惠对发明、实用新型、外观设计的激励程度的差异性。

第七章，优化税收优惠政策的建议。我国企业整体创新水平较低，政府的税收优惠政策需要进一步调整。为了激发企业研发创新的积极性与主动性，需提高税收优惠政策激励的针对性，明确激励政策的目标和支持范围，推进绩效管理，提高财税政策效果。

本书的创新之处是：第一，已有创新文献的研究多关注研发支出，此处采用发明、实用新型及外观设计等多种专利形式，探索税收优惠对企业创新的激励效应；第二，关注税收优惠对企业创新的短期效应与长期效应，检验税收优惠对企业未来创新的激励效应，探讨持续性的税收优惠政策对企业创新的影响；第三，考察外部环境对税收优惠激励效应的影响，多维度展开税收优惠对异质性企业创新激励研究，为优化税收优惠政策提供实证依据。

CONTENTS **目 录**

第一章　引言

改革开放 40 年，我国经济发展取得了显著成效，综合国力大幅度提升，已经成为世界第二大经济体。十九大报告指出当前我国的经济发展已经由高速增长阶段向高质量发展阶段转变。我国经济要想继续保持快速稳定发展的态势，就必须向创新驱动方向发展。实现经济转型升级的关键在于科技创新，只有提高生产效率、提升企业核心竞争力，才能够凭借着技术优势来抢占更多的国际市场，实现国家综合实力的持续提升。随着我国经济进入发展新常态，创新驱动影响越来越显著，企业已经逐渐认识到创新的重要性。根据国家统计局相关数据，2019 年我国研发经费同比增长 11.6%，具体数额高达 17 500 亿元，其增速同比增长了 1%。研发经费投入强度和 2018 年相比，提升了 0.01%，在国民生产总值中所占比重为 2.12%；从研发活动主体来看，2019 年企业研发经费同比增长 13.1%，具体金额高达 13 733 亿元；在研发支出转化效率方面，《2019世界知识产权指标》报告显示在专利申请、商标和工业品外观设计申请量方面，中国再创新高。我国企业创新近年来获得了迅速的发展，但我们也应注意到创新存在公共物品、高风险、外部性等特征。创新的特性决定了企业创新的边际收益可能会小于社会边际收益，此种现象会影响企业的创新积极性。政府可以采用税收优惠政策对企业创新进行宏观调控，进一步推动企业创新行为。深入分析税收优惠对企业创新的激励效应，有利于改进税收优惠政策效果，推动税收优惠在企业中的普遍应用，对提高国家整体创新能力具有重要意义。截至目前，我国陆续推出了 83 项税收优惠措施，初步形成以企业所得税为主的创新税收优惠体系，既有研发费用加计扣除、技术转让优惠等普惠式政策，也有高新技术企业15%税率等特定行业的税收优惠。具体规定见表1-1。作为政策收入的让渡，大规模税收优惠的政策效应值得检验。税收优惠是否激励了企业创新？税收优惠对企业创新是否存在长期效应？税收优惠对异质性企业的激励效应是否存在差异化？这些都是学界和业界亟待解决的现实问题。

此处采用双向固定效应模型多角度验证了税收优惠对企业创新的激励效应。税收优惠政策范围的不断扩大显著激励了企业创新；持续性的税收优惠政策有助于企业长期创新；税收优惠政策的强度与广度与企业长期创新产出正相关；税收优惠的激励效应存在异质性，非国有企业、东部企业、成长期与成熟期企业、大企业、金融服务较强地区的企业税收优惠的激励效应更为显著。研究结论为优化税收优惠政策提供了经验支持，有助于进一步改善税收政策效应。

表1-1　主要税收优惠形式

普惠式 税收优惠	研发费用加计扣除： 按照税法规定在实际发生数额的基础上，再加成一定比例，作为计算应纳税所得额时的扣除数额的一种税收优惠措施
	固定资产加速折旧或一次性扣除
	技术转让税收优惠： 技术转让所得500万元以下免征企业所得税，转让所得500万以上，减半征收企业所得税
	小型微利企业减免企业所得税： 对年应纳税所得额低于50万元（含50万元）的小型微利企业，其所得减按50%计入应纳税所得额，按20%的税率缴纳企业所得税。
特定行业 税收优惠	高新技术企业减按15%税率征收企业所得税
	技术先进型服务企业减按15%的税率征收企业所得税
	我国境内新办软件生产企业经认定后，自获利年度起，第一年和第二年免征企业所得税，第三年至第五年减半征收企业所得税
	国家规划布局内的重点软件生产企业，如当年未享受免税优惠的，减按10%的税率征收企业所得税
	对生产线宽小于0.8微米（含）集成电路产品的生产企业，经认定后，自获利年度起，第一年和第二年免征企业所得税，第三年至第五年减半征收企业所得税
	符合条件的动漫企业定期减免企业所得税

注：内容来源于国家税务总局《"大众创业、万众创新"税收优惠政策指引》。

第二章　文献综述与理论基础

一、文献综述

通过归纳国内外文献，关于税收优惠与企业创新的研究有两种主要观点。部分学者认为税收优惠政策可以鼓励企业增加研发投入，进一步激发企业研发创新；另一部分学者则认为，政府实施的税收优惠政策和企业的研发创新关系不大，税收优惠政策不能刺激企业研发创新，企业创新更多和企业自身的发展情况相关。

（一）税收优惠政策能够促进企业创新

美国学者通过研究美国税收优惠政策和企业研发创新的相关性，认为税收优惠的确能够在一定程度上鼓励企业创新。Romer（1986）针对技术发展进行了深入研究，并提出了知识外溢增长模型。Hall（2000）选取了美国不同行业的企业作为研究对象，通过分析政府的税收优惠政策对不同企业 R&D 的影响大小，最终得出税收政策对企业研发创新的影响会因企业所处的行业以及企业规模大小而有所差异，其中税收优惠政策对技术密集型和中大型企业的研发创新影响最为明显。David（2000）认为，知识创新是一个复杂的过程，只有借助于税收优惠激励措施才能提高企业创新的积极性和主动性，化解创新过程中的不确定性所带来的风险。Klassen（2004）设计构建了影响企业研发投入的模型，选取了影响企业研发投入的多种指标因素进行研究，发现政府的税收优惠政策可以提高企业的税后利润率，而企业税后利润的提高会进而促使企业加大研发投入。Engers 和 Mitchell（2005）采用一般均衡模型在全球范围内研究税收优惠政策对企业技术研发投入所起的促进作用。Berger（2006）以部分美国医药企业为样本，发现税收优惠政策显著地影响到医药企业的技术创新，而且影响程度相比其他行业更为明显。在研究方式上，部分国外学者采取调查研究的方式。Michael Peneder（2008）选取多个发达国家作为研究对象，发现各个国家税收政策对企业研发的影响程度都不相同，但整体上对企业创新都具有一定的积极作用，其中美国的税收优惠政策影响最为明显。Cappelen 等（2011）指出，由于企业研发独有的外部性、公共性和风险性特征，研发活动的外部效应往往大于带给企业自身的效益，造成大多数企业缺乏加大研发投入的热情。政府的税收优惠政策可以有效减少企业的研发风险和成本，鼓励企业加大研发投入。

国内学者与国外学者的研究视角有所不同。部分学者着重从企业不同成长阶段的角度去分析税收政策和企业研发之间的相关性。李嘉明、乔天宝（2013）分别从税收学、经济学角度研究优惠政策和企业 R&D 之间的关系，发现税收优惠对企业初创期、成长期、成熟期、衰退期的研发影响各不相同，其中激励效应最显著的阶段为企业的成长期。张信东（2014）发现税收激励政策对上市公司创新具有显著的激励效应，不同地区、不同行业企业获得优惠的程度存在差异。郭炬、叶阿忠、陈泓（2015）选取了 1996—2010 年部分高新技术企业作为研究对象，研究税收优惠政策与财政补贴对技术创新的影响。他们发现针对企业研发投入，财政补贴政策具有明显的挤出效应，税收优惠政策则具有明显的创新激励作用。江希和、王水娟（2015）分析了税收政策和财政补贴对企业创新投入的影响，发现税收优惠政策能够对企业的创新投入产生较强的激励作用，并且相比财政补贴激励作用更强。郑春美和李佩（2015）发现税收优惠在一定程度内能够促进企业创新水平的提升，一旦超出限度，则会产生消极影响。李艳艳和王坤（2016）指出企业技术创新活动受企业自身行为制约，创新和优惠政策之间相关性并不显著。此外，国内学者通过将税收优惠政策和财政补贴相比较，发现税收优惠政策对企业的创新激励比财政补贴作用更强。陈涛（2016）以中关村作为研究对象，发现税收优惠显著的激励了高新技术企业创新。张凯、林小玲、吴松彬（2017）以制造业和信息服务业作为研究对象，指出影响企业创新的关键因素在于企业所得税税负过重；企业所得税优惠政策对企业的创新具有一定的激励作用，并且中东部地区对创新的激励效应比较明显，西部地区的创新激励效应并不明显；企业所得税优惠政策对私有企业、大型企业的作用比较明显，但是对涉外企业、小型企业、国有企业的激励作用并不明显。陈林峰（2017）认为，当前的税收优惠政策在促进企业技术创新方面的作用集中体现在：一是能够带动固定资产投资；二是能够国内科技研发投入；三是能够优化产业结构。储德银（2017）深入地分析了战略性新兴产业的特征，认为从国家层面所出台的所得税优惠政策，有利于提升产业研发费用投入力度。李维安、李浩波、李慧聪（2016）选取我国上市民营企业为研究对象分析税收优惠政策和企业创新绩效之间的关系，发现不同企业之间激励效果不同，部分存在着政治关联的企业往往会利用税收优惠政策来规避税收。袁建国、范文林、程晨（2016）发现由于企业产权、规模、所属区域不同，税收优惠的创新激励效应存在显著差异。税收优惠在一定程度上对企业创新能够起到驱动作用，但其配置失衡问题影响企业创新能力的提升。现有研究多针对企业所得税税收优惠对创新的影响，部分研究针对增值税与个人所得税展开。倪婷婷、王跃堂（2018）系统分析增值税转型对不同类型企业研发行为的影响及差异。冯海波、刘胜（2017）利用中国1998—2015面板数据，采用两步GMM模型发现中国个人所得税与企业所得税对企业创新有显著负效应，企业所得税对发明专利的影响显著为正。部分研究采用更加多元化的创新变量。李香菊、贺娜（2019）基于2008—2015年我国制造业沪深两市A股上市公司面板数据，针对研发投入、中间产出和产成品三个阶段研究了税收激励对企业技术创新的影响，发现税收激励不仅有利于当期，而且有利于未来技术创新水平的提升。

（二）税收优惠政策对企业创新的激励效应不明显

国外部分学者认为，影响企业创新的因素较多，单独出台税收优惠政策往往难以达到预期的激励效果，税收优惠对企业的创新影响不明显。Mansfield（1986）选取了 20 世纪 80 年代加拿大企业作为研究对象，发现税收政策在技术创新方面的效用并不明显。Estache 与 Gaspar（1995）认为，税收优惠政策和企业技术创新应该匹配，如果前者过多会造成税制扭曲，反而会影响到企业的研发创新。David（2000）认为税收优惠虽然在短期内对企业研发投入有一定的激励效应，但并不能够弥补技术研发外部性对企业造成的损失，财政补贴相比税收优惠能够产生更直接的效果。Reeves（2001）长期跟踪部分北欧企业，发现这些国家的税收优惠对企业研发基本没有影响。Engers 和 Mitchell（2005）分析了国际间税收优惠溢出效应和国内技术创新之间的关系，发现前者会导致后者投入减少。Baghana 和 Mohnen（2009）认为，针对技术创新的税收激励会增加大企业的成本，使企业面临更多的净损失。Thomson（2010）选取了 1995—2005 年 500 家中大型加拿大企业为研究对象，发现税收优惠和企业研发之间没有明显相关关系。Kasahara 等（2014）选取了 2000—2003 年企业为研究对象，发现企业负债比率较大时，税收抵免对企业创新支出的影响显著。Romer（2014）选取 2000—2010 年德国不同规模的制造业企业进行实证分析，认为税收优惠的作用随着企业规模的不同而不同，其中优惠政策对中小企业创新的影响不够显著。

国内部分学者认为我国的税收优惠政策和企业的研发创新并无相关性。乔天宝（2008）根据是否享受税收优惠将 129 家高新技术企业分为两组，发现享受优惠政策的企业研发强度相对不享受税收优惠政策的企业更高，但是弹性系数仅仅为 0.051，即税收优惠政策的激励效应并不明显。水会莉、韩庆兰（2014）认为我国税收优惠政策缺乏针对性，部分税收政策之间相互重叠，无法鼓励企业创新。杨国超等（2017）发现税收优惠政策引发企业进行研发操纵，最终导致公司研发绩效下降。王春元（2017）发现税收优惠政策对国家重点扶持以及小微高新技术企业 R & D 投资并未达到预期的激励效果。

（三）国内外税收优惠政策的差异

由于我国税收优惠政策起步较晚，大量学者对比我国和国外的政策差异并提出相关建议。吴秀波（2007）发现我国的税收政策比国外发达国家的政策缺乏系统性和针对性，对企业研发创新的刺激作用不够明显。戴晨、刘怡（2008）通过分析美国和日本的税收政策发现，我国的税收优惠中专门针对中小科技企业的政策较少，建议增加专门针对中小科技企业的优惠政策。魏鸿（2012）详细分析了西方发达国家技术创新史中的税收政策，指出我国缺乏关于流转税的优惠政策。徐晏（2014）研究了欧洲发达国家技术创新的税收政策，提出了完善我国税收优惠政策的建议。

由文献分析可见，目前针对税收优惠与创新的研究在国内外均尚无定论。整体而言，认为税收优惠政策有效促进企业研发创新的学者占大多数，但仍有部分学者认为税收优惠政策鼓励企业创新的作用有限。回顾已有文献，关于税收优惠与创新的相关研究为此处提供了研究思路，但仍存在一定缺陷。在研究变量上，以往研究多采用研发支出来衡量创新，较少考虑税收优惠对发明、实用新型及外观设计等创新产出的影响，难以体现税收优惠对企业真实创新能力的激励效应；在研究方法上，以往研究多考虑税收优惠对创新的当期影响，较少考虑税收优惠激励的长期效应。此处可能在以下几方面有所贡献：第一，已有创新文献的研究多关注研发支出，此处采用发明、实用新型及外观设计等多种专利形式，探索税收优惠对企业创新的激励效应；第二，关注税收优惠对企业创新的短期效应与长期效应，检验税收优惠对企业未来创新的激励效应，探讨持续性的税收优惠政策对企业创新的影响；第三，考察外部环境对税收优惠激励效应的影响，多维度展开税收优惠对异质性企业创新激励研究，为优化税收优惠政策提供实证依据。

二、理论基础

（一）熊彼特理论

1912 年，熊彼特在《经济发展理论》中提出创新理论。该理论明确了经济增长、技术进步的动力来自生产技术和生产方法的变革。熊比特提出的创新是一个经济学的概念，是指经济上引入某种"新"的东西，与发明有着本质的区别。发明没有得到实际应用时，不能给人们带来经济利益，因此没有经济价值，只有当新的技术发明被应用于经济活动时才能称为"创新"。熊彼特并没有给我们提供一个精确的创新理论，但是强调了企业家与企业对于经济发展的密切关系。企业家是实现新组合的决定性因素，而动机就是对垄断利润或超额利润的追逐。因此，经济发展的动力就是利润和企业家精神。熊彼物提出一个重要的技术创新模型——企业家创新模型。这个模型是一个具有几个连续阶段的线性模型，包含成功的创新带来的正反馈环形路线，被称为"创新产生的利润"反馈到"企业家活动"和"创新投资"。熊彼特认为创新的具体要求是构建一种新的生产函数，实现生产要素的重新组合，并且创造出新产品或者新价值，从而使组织获得超额利益。创新的具体情形包括五方面：第一，产品创新，即新产品或者产品的特征是原来所没有的；第二，工艺创新，即一种全新的生产方法；第三，市场创新，即进入一个全新市场；第四，资源配置创新，即获得某种新供应来源，并且能够有效地控制；第五，组织创新，即形成一种新的工业组织，或者获得一定的组织地位。熊彼特明确指出，创新起源于企业的内部。对于企业来说，生产经营的目的是为了实现利益最大化。企业重视创新方面的投入，只有通过创新才能获得持续发展，实现自身综合实力和核心竞争力的提升。面对强大的市场压力，所有企业都在探索技术创新，因此任何创新都会迅速在市场上进行传播。企业创新需要投入大量的成本，如果企业效益远远低于社会效益，企业创新就会缺乏积极性与主动性。政府需要宏观调控来保持企业的创新热情。

（二）古典经济理论

新古典经济学将技术创新作为经济增长的基本因素，主要有两大学派。一是以阿布拉莫维茨和索洛为代表，以传统经济学为基础，将技术进步作为经济增长的外生因素，侧重于测度技术进步对长期经济增长的贡献率。索洛在其发表的《技术进步与总量增长函数》中，提出了以 C—D 生产函数为基础计算的技术进步对国民经济增长贡献率的新方法，检验了技术进步对于美国 1909—1949 年间非农业部门劳动生产率增长的贡献，开创了创新理论新古典学派理论之先河。但是以索洛为代表的研究并没有解释技术的产生机制，他们只是将技术进步看作经济增长中没有被劳动力和资本解释的残值，没有确切地解释技术进步的作用。在新古典经济学家看来，科学技术对经济增长起着非常重要的作用，但是只能作为经济系统的外生变量。这一逻辑矛盾引起了经济学家的关注，阿罗和罗默提出了著名的新经济增长理论，将技术创新作为促进经济增长的基本单元内生于主流经济学模型，提出内生增长理论，成为新古典经济学创新理论的又一学派。内生增长理论的学者认为，技术进步可以避免资本边际效益递减规律，保持经济持续增长。创新过程存在知识溢出效应，知识和技术研发共同促进经济增长，是经济增长的内生因素。20 世纪 90 年代，罗默和卢卡斯进一步改进内生增长模型，将人力资本作为考察经济增长的重要因素，将社会生产分成投入、产出和绩效三部分。罗默的模型系统地分析了知识与技术对经济增长的作用。

（三）新熊彼特理论

1942 年，熊彼特又进一步提出了资本主义经济的"创造性毁灭"的判断，以及大企业在这个过程中起决定性作用的论断。在熊彼特创新理论后，伴随新古典经济学派成长的还有研究创新的另一个分支，比较有代表性的人物包括美国经济学家罗森伯格、理查德·纳尔逊和英国经济学家弗里曼等，他们秉守经济分析的熊彼特传统，强调技术创新在经济增长中的核心作用，注重技术创新过程的研究，包括技术创新产生的技术经济基础、技术轨道与技术范式、技术创新群集、技术创新扩散以及长波等重大理论问题，并提出了企业家创新模型、相互作用模型、链环回路模型和创新周期模型。同时，新熊彼特主义学者承认企业家是推动技术创新的主要推动力，并迷恋于熊彼特的"创新重塑"，认为创新是以一种演进的态势，通过"毁灭—塑造"的循环方式不断更替和完善自身所处的市场结构。在这段时期，创新理论基本遵循"基础研究—应用研究—技术开发—新产品与工艺应用—经济增长"的线性模式和"大科学热"。

1966 年，施穆克勒提出创新的需求拉动说，对立于熊彼特的技术创新推动学说，遭到英国苏塞克斯大学科学政策研究所的沃尔什、汤森和弗里曼等人的一致批评。但是，当时的英国政府投入大量科技经费促进科学技术发展，确实收效甚微。逐渐地，人们开始意识到技术创新过程的复杂性，逐渐扩展基础的线性模式。罗森伯格注重研究技术特性与经济特性之间的关系，他在《黑箱之谜：技术与经济学》中指出，作为基本的、演进着的知识基础的科学技术同市场需求的结构在创新中以一种互动方式起着核心作用，忽略任何一方都将导致错误的结论和政策，从而将技术推动论和需求拉动论结合起来，在强调创新重要性的同时，逐渐重视创新主体赖以生存的周围环境和历史条件的重要性。因此，研发创新与经济活动的线性模型逐渐被链式综合模型所替代。

1982 年，弗里曼在其著作《工业创新经济学》中将熊彼特的论断提炼出新的模型，即大企业技术创新模型。在这个模型中，大企业代替了企业家的位置，外生的研发活动被设为内生的研发活动。弗里曼认为大企业在研究开发支出方面具有领先优势，所以，他们在技术创新方面自然就有先天的市场优势，对技术创新的推动具有决定性作用。但是，无论是企业家模型还是大企业模型，都是线性模型，是简单的投入到产出的过程。市场只是单独被增加的角色，成为研究开发成果的接受者，对研发创新的过程并未起到任何作用。

第 7 届国际创新研讨会上提出了一个基于研究开发与经济活动两个循环有效耦合的霍夫勒模型。霍夫勒模型研究开发的知识循环积累着新的科学知识，孕育着新的技术发明，通过信息传递活动，不断注入技术创新活动，形成新产品、新方法、新工艺，进而取得微观企业的经济效益，实现宏观经济的增长。霍夫勒模型是个宏观模型，几乎涵盖了技术进步的全过程，研究强调通过科学研究进行技术创新，通过技术创新推动经济增长，揭示了技术创新的本质在于科学技术在经济发展中的运用。但是，霍夫勒模型忽略了关键的环节，即创新扩散与产业结构变动。此外，霍夫勒模型对于开发与技术创新运行过程的概括过于简化，没有揭示出创新运行内部各要素、各阶段之间的相互作用与复杂联系。留基伯模型补充和完善了霍夫勒模型，将创新运行各阶段的信息联系在一起，看成一个联结整个过程各个阶段的通信网络，强调信息沟通在各个阶段的通信网络。

（四）国家创新理论

随着创新理论的不断完善，越来越多的经济学家认识到企业是技术创新的主要载体，但不是唯一载体。在 20 世纪 90 年代，"国家创新系统"逐步建立，并被经济合作与发展组织成员及国际社会所普遍接受。1988 年，弗里曼首先建立"国家创新系统"，开始注重政府政策、企业研发能力、教育培训和产业结构的作用，强调技术创新与组织创新和社会创新的有机结合。纳尔逊（1992）除了肯定教育部门、高校、科研机构、政府基金和规划部门等在创新系统中的重要作用以外，从技术变革的存在及演进特点出发，重点研究变革的必要性及其对制度结构的适应性，强调制度和技术行为等因素对创新系统的影响。他认为，科学和技术发展存在很多不确定性和复杂性，在不同的领域呈现的性质和特征也不尽相同，因此，可能产生多种战略选择。一个经济体应保持多元化的技术结构，不同的产业组合、不同的技术与制度融合体现了不同的国家创新系统的形态。伦德瓦尔建立了国家创新系统研究的微观学派，强调用户与厂商的相互作用，认为国家创新系统实际上应是一个社会体系，中心活动是学习，并存在反馈机制。他定义了广义的国家创新系统，认为经济结构的所有部分和方面都在发生学习活动，并彼此联系、相互作用。在此基础上，波特进一步加入时间的维度，认为国家制度与社会历史文化也包含在国家创新系统中，影响创新的形成和发展，并提出了著名的"钻石理论"。近年来，经济合作与发展组织（OECD）开发了国家创新系统的政策意义，确定了企业、科研机构、高校、中介机构在创新系统中的主体地位，并将国家创新系统的建设设定为政策的范畴和政府的职能。

关于国家创新系统研究的公共点是确定企业、大学、研究机构和政府机构共同构成技术创新的载体。企业作为技术研发的主要力量，是技术进步、新产品研发、产业升级、实现创新成果的市场价值转化的重要载体；大学和教育培训机构承载着提高人力资本素质、培育和输送专业人才的重要任务；科研院所和高校等研究机构承担着构建知识创新体系的责任，在技术创新的过程中承担着完善知识结构体系、实现科技发明的重要任务，是企业技术创新的基础和保障。高校及科研院所与企业的研发合作可以发挥强强联合的优势，实现理论研究与实际生产力相结合、发明专利与成果转化相结合、技术进步与管理创新相结合。通过生产要素的有效组合，实现经济效益最大化。在国家创新系统中，制度是维护公平、公正的有效手段，是国家创新系统正常运行的保证，而政府就是制度的制定者和制度环境的维护者，是市场经济秩序的监督者，通过立法、实施政策手段、制定创新发展战略、推行科技创新计划、投入支持资金等一系列措施，合理调配各种创新资源进行科学的优化组合，实现推动科技创新发展、助推企业技术创新的目标。总之，国家创新系统是由创新主体企业及高校、科研机构和政府等组成的外部结构，在社会体制、法制环境、市场结构等软环境的综合作用下的社会创新系统体系。要建设世界级科技强国，就需要从国家的整体观念出发，科学分配国家的创新资源，同时进行优化组合，形成一个能够充分发挥各方面创新要素作用的官产学研相结合的国家创新系统。

（五）内生经济增长理论

内生经济增长理论兴起于 20 世纪 80 年代，其核心观点认为维持经济保持稳定增长的关键不是靠外力的推动，而内生的技术进步才是维持一个国家始终保持经济持续稳定发展的最关键因素。新古典经济理论将技术因素作为经济发展的外生因素，内生经济增长理论则把技术和人员作为经济社会发展的重要内生因素，这些因素会对经济的发展产生重要的影响。内生经济增长理论的产生是现代西方宏观经济学理论的一次重大突破。内生经济增长理论把人员要素以及技术要素考虑进经济发展之中后，要素的边际产出递减情况发生了改变，规模报酬递增现象成为一种可能，而这正是内生经济增长理论或者新经济增长理论与先前的新古典增长理论之间的本质区别。因为技术创新自身存在的外溢性特征，劳动和知识等因素都具有边际递增的效应，所以技术方面的进步也就成了维持和推动社会经济发展的重要动力。由于技术创新具有外部性的特征从而使得企业的创新带来的边际收益始终小于由此带来的社会边际收益。政府部门利用税收优惠政策的方式帮助企业解决在创新过程中面临的成本、风险等问题，是对那些从事创新生产的企业的一种有效的补贴形式。由于技术创新的外部性特点使得企业获得的边际收益远远低于由此带来的社会边际效益，同时我国知识产权保护制度仍然存在很多漏洞和不完善，社会保护知识产权的普遍意识仍然不够高，导致很多企业无法将其技术创新的收益完全的内部化，复制和抄袭现象严重，严重地影响了企业的创新积极性，限制了企业的创新投入和规模。总体而言，"搭便车"现象已经严重影响了企业的创新与进步。企业所得税优惠政策作为一种政府补贴的方式，可以间接弥补企业在创新过程中出现的投资损失，降低企业的创新成本和风险性。政府税收优惠能够提高企业生产要素的产出效率，使企业拥有更高的积极性投入到创新中，而创新的内生技术又进一步地促进经济社会的发展进步，所以近年来政府普遍采用税收优惠政策去帮助企业提高创新能力，提高国家整体的创新水平。

（六）市场失灵理论

新古典经济学认为市场可以通过自身力量的有效发挥与运行从而达到资源的有效配置。现实的市场经济社会很难满足完全竞争的市场竞争条件。由于始终存在信息不对称性、外部性以及公共性的因素的影响，无法使价格机制达到其原本应有的效果，由市场来自由配置资源始终会存在着其本身固有的缺点，无法充分发挥合理配置资源的特点，即"市场失灵"现象。企业在其自身进行技术创新的过程中最终的目标始终是实现其自身利益的最大化，企业的所有经营战略都是为了实现企业自身的最大利润。由于市场中始终存在"搭便车"现象，企业的研发创新成果很容易被其他企业所利用，所以仅仅依靠市场这"一只无形的手"很难实现企业资源的高效合理配置，需要政府"有形的手"对市场自发配置资源中存在的不合理现象进行矫正。造成市场失灵的原因是多方面的，包括垄断、外部经济性、公共产品、信息不对称等。虽然可以通过竞争来增加市场的活跃性，但是市场失灵情况下往往存在着垄断，技术、地理位置、稀缺资源等难以实现有效流动，从而加大了交易成本、产品差距，影响了资本的有效竞争，制约了资本在市场上的有效流动。存在垄断的市场会造成资源配置不合理、技术革新缺乏动力，甚至会产生寻租行为。公共产品是社会发展中不可缺少的产品，具有非竞争性和非排他性特征，此类产品生产的目的就是供社会成员分享。部分社会成员使用公共物品，不影响他人同时使用，并且社会成员在使用和享用公共产品时不用付费。外部经济效果主要指的是市场交易对于经济环境的影响，政府对此方面的调节就是税收、干预罚款等，此类因素对厂商成本、市场经济活动能够产生一定影响。技术创新活动一旦成功，会给企业和社会带来巨大的收益。即便是企业创新，企业只能获得部分创新收益，其他一部分属于社会收益，因此技术创新活动带有典型的外部效应特征，影响到创新资源的有效配置。经济活动的参与者之间存在着信息不对称现象，具有信息优势的一方能够利用自身的有利地位获得更多的利益，甚至会损害信息弱势一方的利益，非对称交易容易引发教育的不均衡。不正当交易是一种违背市场规律、丧失市场正常秩序的交易，会直接影响到市场资源的有效配置。完全的信息在实践中是不可能实现的，现实中普遍存在着信息不对称，即便是技术创新人员获得的创新信息也是有限的，信息不对称会影响到创新成本的投入，甚至影响到创新的成功。受市场失灵等因素的影响，技术创新资源在市场上很难实现最优配置，因此会导致创新研发出现偏差，或者导致创新活动最终失败，此种现象会严重的挫伤企业创新的积极性，不利于社会经济的稳定发展。

三、通过税收优惠促进企业创新的必要性分析

创新要经历漫长而复杂的投入产出过程，其间存在着"市场失灵"的风险，其典型的特征就是创新活动对私人部门的边际效应不等于创新活动对社会整体的边际效应，导致创新活动的资源配置非最优状态。因此，需要政府干预促进市场配置资源绩效的改进。市场在研发领域的资源配置无效，主要是由创新的自身特性导致的，主要包括公共品性质、外部性和高风险性，此外，路径依赖也是政府支持企业技术创新的必要因素。

（1）创新具有公共品性质。萨缪尔森（1954）对公共品做了准确的定义，他认为，公共品就是增加消费者的边际成本为零，其效用可以扩展和共享于任何人的一种商品，并指出非竞争性和非排他性是公共品的主要特征。当社会产品具有其中任意一个条件时，称为准公共品；当社会产品同时具有两种性质时，被称为"纯公共品"。阿罗（Arow）最早提出创新具有公共品性质。阿罗认为，知识、信息存在公共品性质，技术创新活动就是综合利用生产技术知识或信息转化为生产力的过程，主要成果表现为专利、技术、研究报告等知识形态，因此，创新具有公共品性质。这一特征使得研发创新的成果可能被其他没有研发创新的企业坐享其成，企业进行创新投入获得的效益远远低于预期可能产生的最优水平，极大地挫伤了企业从事研发创新活动的积极性和主动性。创新的非竞争性、非排他性和非分割性是伴随其公共品性质产生的。非竞争性是指某个

公共产品被提供后，增加一个消费者并不会减少已经享受该公共品的消费者对该公共品的消费数量和质量。非排他性是指一旦某些产品投入消费领域，每一个消费者都有公平使用的权利，任何人没有独享权。公共产品的非分割性则通过消费者共享成果体现，如公园、图书馆等公共设施给人们带来的利益不可分割。由此可见，公共产品具有非竞争性和非排他性质，而且不能分割的纯公共产品具有公共消费的性质，即消费者在享用这类产品时不具有独占权。从事行政管理的各部门所提供的公共产品都属于这一类。广义的公共产品包括物质产品和各种公共服务。政府提供的服务包括政府的行政和事业方面的服务，例如，国防、外交、公安、工商行政管理等。技术创新活动以科学知识为基础，其成果虽然大多通过新技术、新工艺、新产品等外在形式予以表现，但是技术创新的直接成果是专利，是科学知识应用实践的成果。具体地，根据生产活动的不同环节，企业的技术创新可以分为三个阶段，即创新投入、创新产出和创新绩效阶段。创新投入阶段，包含物质资本、人力资本及其他方面的投入。这一阶段是企业技术创新的起始阶段，企业基于利润、市场需求、技术机会等多方面因素的考虑，决定进行研发活动，并为研发活动筹集各种投入要素。技术创新在投入阶段的表现形式较为丰富，包含了研发投入和生产两部分，技术创新在该阶段的表现形式主要为基础研究和应用实践研究。基础研究是创新投入的第一阶段，主要通过增加人力产生"知识"形态的产品。这一过程主要是获取各种现象和可观察的事实背后的本质的作用机理，并根据已经存在的理论知识，总结和推断新的理论知识，主要包括纯理论研究和导向理论研究。纯理论研究是从理论上探索自然界未知的物质结构、相互作用和物质运动的基本规律，结果不能直接应用于实际的生产活动中，只是有利于推动理论研究的发展，是研究开发的基础和根基，决定着研究开发的意义和可行性。从实用性角度考虑，企业更注重导向理论的研究，注重直接的经济或者社会福利所从事的研究活动。导向理论研究针对企业的生产活动中已经存在的现实问题或潜在的未来可能发生的问题，提供一个系统的知识理论基础和结构框架，并试图在知识理论的梳理过程中，通过调整思维方式、构建新的知识结构、发现新的活动现象、寻找新的自然规律，得出新的科学原理、科学理论和科学方法，解决现实存在的问题和可能会出现的问题，推动生产技术的进步。应用实践研究主要以纯理论研究和导向理论研究为依据，并根据实际经验，直接生产新材料、产品和设备，安装新工艺、新系统，提供新服务，或者对于存在的生产设备和系统进行规模改造等。技术创新体现了科学知识在生产实践过程中的积累、实践、应用和转化的过程。知识产品在使用上具有非竞争性。截至目前，国内外的很多学者已经对创新所具有的公共品性质进行了较深入的研究，主要包括以下方面：由于企业所创造的技术创新可以不限次数地的重复利用，即使技术消费量不断地增加也不会影响到其他消费者享受和消费同种技术创新产品，即技术创新这类消费品的边际成本为零，随着消费量的增加和消费使用人数的增加，并不会使消费品的使用成本同步的增加。技术创新产品具有比较明显的非排他性。当某个消费者拥有关于某个创新产品的相关知识时便可以使用它，而创新产品的生产者并无法排除其他消费者对创新产品的自由使用，如果存在知识产权保护不完善的情况，那么技术创新产品便极易被其他消费者无偿使用，其他消费者复制或者使用技术创新产品所付出的成本和创新产品生产者所付出的生产成本相比较基本可以忽略不计。正是由于上述特点，在当前现实经济社会中，一个企业的技术研发创新往往具有很强的外溢效应，一个企业为研发付出了大量的人力物力投入，但是其研发成果很可能由于扩散使那些未进行研发创新的企业所使用。其他企业通过"搭便车"行为而模仿和利用其创新成果并分享原本属于创新企业的市场和利润。这种"搭便车"行为会严重削弱技术创新企业的产品优势，在损害其利益的同时也打击了企业继续进行技术创新的积极性，从而造成不良的社会创新环境，不利于一个企业甚至一个国家创新能力的发展。

（2）创新具有外部性。经济学家主要通过两方面定义外部性。一方面是从外部性的产生主体角度定义外部性。马歇尔是最典型的从外部性的产生主体角度定义外部性的代表，他认为一个经济主体的行动和决策使得处于其活动周围的旁观者受益（正外部性）或受损（负外部性），而这并非是经济主体的本意，是一种经济力量对另一种经济力量"非市场化"的影响。另一方面是从外部性的接受客体定义外部性。兰德尔是最典型的从外部性的接受客体角度定义外部性的代表，他认为，市场中的某一经济主体在不经意或不知情的情况下被强迫接受某些效益或成本对其经济活动产生的正（负）影响即为外部性。其中，正外部性可以提高企业经济活动的效率，负外部性可以降低企业经济活动的效率创新活动的外部性主要体现在创新技术的溢出效应，技术创新给创新成功的企业带来了丰厚的利润，市场中的其他企业为了获取同样的高额利润，会通过各种手段获取创新信息。由于知识与信息存在公共性，成果多以专利、技术、研究报告等知识形态出现，专利和知识产权保护的不当，会造成信息的泄露，使创新的溢出效应明显，竞争企业为了获取创新带来的利润，也会通过各种手段搜集和获取技术信息，导致信息外溢。此外，人员流动也是创新活动外溢性的重要原因，研发人员是企业技术创新的载体，研发人员的流动带走了创新的相关信息，导致了创新信息的大量外泄。Griliches（1958）的工作研究表明，关于私人投资 R&D 所产生的收益，无论是私人收益率还是社会收益率都是相当可观的，大体上是在 20%~40% 这个范围内，R&D 的社会收益率高于私人收益率。不同情况导致的外部性使得积极实施技术创新的企业并不能达到创新的预期效益，逐渐转向消极等待的另一面，抑制了创新的发展。此时需要政府加以调控，完善知识产权保护法，并通过资金资助弥补外部性带来的经济损失。为了弥补创新的溢出效应，政府会通过直接或间接资助的方式，使该产品的私人边际收益与社会边际收益趋于一致，弥补其损失的外部边际收益。由于企业的创新一般具有非排他性和非竞争性，其竞争企业可能在不存在市场交易的条件下免费地取得其技术创新成果，获取本该属于创新企业所应得的市场份额和利润，却不必付出相应的经济成本，也就是说企业的研发活动存在着较强的正外部性。这种情况主要是由以下几个原因引起的：第一是企业未进行专利申请或者专利申请过期。由于企业在申请专利时需要公开部分的有关信息，而同一领域的企业则往往可以通过这些公开资料获得部分专利的相关信息，另一方面，专利的保护期一般具有时间性，专利到期后其他企业便可无偿使用和获得专利信息。第二是企业研发人员的流动。一个企业的研发人员对企业而言至关重要，因为研发人员往往掌握着一个企业的核心技术，是企业知识产品的载体，而企业之间的研发人员流动也就意味着创新技术在各个企业之间流动。第三是厂商和客户之间的联系效应。在技术方面占据优势的企业会因为在与其供应商或者其下游客户联系时使得这些客户或则厂商通过联系从企业的产品中无偿的获得其创新技术和生产工艺。

（3）创新具有高风险性。高风险性是由创新的高投入性和不确定性共同决定的。由于研发创新的周期较长，存在不同阶段资金的跟进，而且要预留失败的空间，企业创新的资金需求量很大。然而，创新的过程漫长而复杂，创新的结果不可预知。此外，市场也不是万能的。单纯的市场调节必然引起技术进步活动的波动，但是市场调节是一种事后调节，在漫长的调节过程中会造成社会资源的极度浪费。市场本身也很难维持秩序的平衡，适度竞争是激发创新的必要条件。然而，过度竞争会导致极端化，形成集中和垄断，最终抑制竞争。因此，市场机制不是万能的，加之创新自身固有的弊端，使得政府干预变得尤为重要。此外，国防、基础设施、教育、城市环境、公共卫生等供公众集体消费的"公用财务"，本质上就是不适宜由市场支配的领域，必须由政府进行组织和协调。企业创新的不确定性包含市场不确定性和技术不确定性两个主要方面。技术不确定性是指企业所进行的技术创新可能不够领先，或者技术开发存在失败的可能性以及市场上存在新的可替代性的新技术产生的可能性。通常而言，企业的研发创新程度越高，其存在的技术不确定性也就相对越高，技术创新带来的创新成果的不可预见性也就越来越大。而市场的不确定性则更多来自一个国家的政策导向、法律法规、市场需求变化和技术创新被市场接受的程度等方面。另一方面，一个企业的创新往往还受到企业所处的管理环境、外部资金和自身内部的管理生产水平的影响和制约，有时候甚至要面临市场中竞争对手的技术挑战，这些因素都会对企业的研发活动造成较大的阻碍。不论是技术方面的不确定性风险，还是市场方面的不确定性风险都会使企业的研发面临较大的风险，致使企业的决策者在面对创新投入时存在疑虑，无法对创新的最终成果产出进行一个合理的预期，从而可能影响到企业对研发创新的投入力度。

（4）创新具有路径依赖性质。创新自身存在的公共品性、外部性和高风险性等特性造成的市场失灵是政府发挥"有形的手"干预的重要原因。通过加入时间的维度，运用演化经济学的研究视角从短期的静态均衡转化为长期的动态技术变迁，不难发现，路径依赖也是影响企业技术创新的重要因素之一。David最早提出路径依赖理论，揭示先入为主的技术次优解决方案形成常态的现象。Arthur将路径依赖引入技术变迁的研究中，阐述了技术演进过程的自我强化和路径依赖影响技术进步的观点，由于产业技术的广泛渗透使某种技术获得了良好的技术优势，在产品收益增长的过程中逐渐被强化，长期会形成对某种技术的依赖，这种依赖效应往往不可逆。North（1990）将技术演变过程中的自我强化现象的论证推广到制度变迁方面，认为制度变迁是由于制度给人们带来的规模收益，当收益递增普遍发生时，制度变迁会得到巩固和支持，并不断沿着良性的循环轨迹发展；当收益不变或出现递减时，制度变迁会朝着非绩效的方向不断发展，最终"闭锁"在某种无效率状态。租金最大化是形成制度路径依赖的关键因素。当租金成为该经济主体追求的预期收益后，相应的制度安排逐渐形成，这种制度安排又会促进收益的增加，从而形成收益的递增机制。在后续的发展中，这种收益递增机制会不断地自我强化，经济运行中的各种制度安排也会逐渐被固化。也就是说，一旦某一方案被系统采纳，其自身存在的收益递增机制便会成为人们排斥其他方案的理由，形成路径依赖的锁定效应，最终的结果就是阻止了创新的产生。与此同时，既定利益集团寻求自我维系的寻租行为也对现存的技术和制度环境安排有着强烈的保护意识，任何可能动摇或改变现有制度安排的行为都会遭到区内利益集团的阻挠。在经济运行机制的形成过程中，一些非正式制度如意识形态、道德理念、传统习惯等在内的地区文化环境也会加强这一锁定效应，形成思想锁定，即认知凝滞。因此，单纯依靠市场自发的力量，尤其是在不完善的市场机制下，很难摆脱路径依赖对技术创新的锁定。因此，政府成为打破技术劣势、引导技术创新的指挥棒。

综上，由于企业的创新存在公共性、外部性、高风险性及路径依赖的特征，政府需要采取一定的政策干预措施引导企业的创新活动。税收政策是政府普遍采用的宏观调控手段。企业所得税优惠政策作为税收优惠政策的重要组成部分，政府可以通过企业所得税优惠政策激励企业的研发创新。

四、税收优惠促进企业创新的影响机制

（一）宏观层面

一直以来，科学与技术是不可分割的整体。科学是由公共科研机构、高校、产业研发中心等进行的基础性研究，是企业技术创新成果的源泉和技术支持。中国科学院计划局邓裕民认为，技术与科学割裂，会使技术成为无源之水和无本之木，二者相辅相成、不可分割。因此，我们在强调实现企业技术创新的同时，不能将研究视角只着眼于技术的发展。在现代社会中，技术被视为应用科学（以自然服务于人类为目的），而科学被视为可靠知识的来源，是对自然规律的正确认知和客观世界普遍规律的认识，是对真理的追求。科学使得技术的发展更加具有理论依据和科学根据。技术基于对自然的理解，对客观世界的认知，同时也由社会、文化、市场和行业等因素塑造形成，因此，现代应更加强调前沿领域的科学与技术融合。林苞（2010）认为，在发展中国家，主要依靠模仿发达国家的技术来维持经济发展，高度依赖的技术成为各产业发展的主导。创造新行业、难以进入增长更快的基于科学的行业成为发展中国家经济发展的瓶颈。从这个角度来看，造成经济持续发展障碍的，可能不是所谓的"中等收入陷阱"，而是"基于技术的陷阱"。科学与技术紧密联系、相辅相成，有时候是科学的发展推动了技术的发展，有时候则是技术的发展诱发了科学的发展。由此，更准确地说，"中等收入陷阱"是"中等知识陷阱"。长期来看，知识（包含科学与技术）的鸿沟就是经济发展的鸿沟。与技术相比，科学同样具有高投入性和高风险性，而且科学是知识，属于纯公共品的范畴。然而，与技术不同，科学不具有经济价值，只是对知识等一般规律的探索，在短期内不能

带来任何经济利益。企业强调经济利益最大化，对于这种非营利的基础性研究，企业不会进行无效投资，因此，基础研究领域一般由政府全额资助完成。成功的创新需要由生产者、用户和政府组织形成完备的网络条件。由于许多重大关键技术创新涉及不同的领域，需要跨行业、跨部门、跨地区甚至跨国界的合作，政府由于其地位的特殊性，可以起到其他组织无法替代的作用。

政府创造宏观环境，通过高校、科研机构、公共基础设施、培训机构等支持科学技术知识的研究和传播。高校不但是国家人才培养的重要基地，而且是科学知识传播的重要载体。新时期，科学研究逐渐成为高等学校的重要职能，尤其在经济快速发展的当今社会，科学研究不仅是专业教育实现的需要，而且是企业合作研发的强大外援，是服务经济社会发展的重要保障。高校的科研具有以下优势：第一，高层次人才，有较好的专业基础知识和扎实的理论功底；第二，提供苛刻的科研条件，比如实验室、试验厂房、精密仪器设备等；第三，丰富的图书资源与网络资源；第四，教学实践成为检验科研成果的有利条件，大量学生是创新的潜在研究者；第五，毕业校友在专业上的实践反馈也是高校科学研究的重要财富。更重要的，高校有一批愿意把科研当作终生事业的研究者。高校拥有大量具有专业知识、基础理论扎实、具备钻研能力的师资团队。高校的众多教授和学者终生的目标是追求科学的真理，他们的求知欲、好奇心、对知识的渴望和取得突破后带来的成就感，以及由此可能产生的深远影响，是学者们科学研究的真正动力，而这些也是支撑高校科研发展的内在驱动力。因此，国家越来越重视高校科研的投入，通过科研实现国家技术创新发展。

各类科研机构是国家和企业的重要实验室，包括国家级综合性科研机构和省部级专业性科研机构，主要体现和反映国家意志，拥有明确的研究方向和任务，有组织、有规划地开展科学研发活动，是企业合作研发的重要外援，也是国家创新系统的重要组成部分。科研机构具备创新的显著特征：一是有明确的研究方向和研究任务；二是有一定数量和水平的研究人员和学术带头人；三是有先进的科研设备和具备开展研究工作的其他基本条件。高校和科研机构既是国家科学研究的实验室，也是科学研究与企业技术融合的加工厂，是企业研发的强大外援；曼斯菲尔德在 1992 年和 1998 年的两次研究中，对美国不同时期（1975—1985、1986—1994）的学术研究与技术创新的定量关系进行研究，结果发现，随着经济发展的不断进步，学术研究对于新产品开发和新工艺的影响不断提高，学术研究带来的销售额占销售总额的比例也逐渐攀升。但是曼斯菲尔德发现，学术研究成果到工业应用的时间间隔在 6—7 年。此外，金融、信贷机构为企业提供资金支持，培训机构和继续教育机构为企业的人力资本提升专业知识和技能提供平台，图书馆、科技馆等公共基础设施则是科学知识传播的重要媒介，也是科学创新的外部环境因素。

（二）微观层面

政府在为企业创造宏观创新环境的同时，会针对当前经济形势下不同的产业、行业和企业发展需要，采取一系列具体的财税支持手段对企业的技术创新进行干预，包括财政补贴、政府采购、政府风险投资、税收优惠等。其中，财政补贴、政府采购、政府风险投资属于直接投入手段，税收优惠则属于间接投入手段。财政补贴是最常见的直接补贴方式，是指国家根据一定时期内的政治经济形势，为实现特定的政治、经济和社会目标，采取财政补助和津贴的方式鼓励特定的产业、行业或企业的一种资助行为。财政补贴属于事前激励，是政府为了实现一定的政治经济和社会发展目标，按照预先设定的扶持和资助范围，对企业进行的资金补给。政府的财政补贴对企业的技术创新活动具有强大的资金补给效应，有助于快速提高企业的技术创新能力。政府采购是公共财政体系中的重要组成部分，也是政府激励创新的重要支持政策。政府采购也称公共采购，是指各级国家机关、行政事业单位和社会组织为了日常政务工作的需要，依照法定的程序和方法，以公开、公平、公正的招标方式，以价格低、质量高、服务好为挑选原则，利用财政预算内外资金购买、租赁所需商品和服务的一种行为。政府采购通过规范、合理、有效地利用社会资源，提高财政资金利用效率，在满足政府的日常采购工作的同时，对整个经济进行宏观调控和引导，支持和保护创新企业的发展。新产品刚刚进入销售市场，需要有一个被接纳的过程，由于消费者的消费习惯和思维定式的束缚，新产品前期的市场开拓较为困难，政府采购优先购买创新产品，对创新产品给予很大的支持，在市场中发挥了身先士卒的作用，并引导了消费的潮流。不仅如此，一些地区存在不同程度的市场垄断和歧视性采购问题，政府采购很好地修正了这一扭曲的路径依赖，维护了市场的公平竞争环境，保护了创新产品的市场地位。同时，政府采购行为为企业传递利好信息，开拓了新产品销售的市场前景。此外，创新活动具有极大的不确定性，企业做出创新决策后，需要付出高额的生产成本和试错代价进行创新实践，政府的优先选购给予了企业极大的鼓励，极大地降低了新产品的开发决策风险和市场交易风险。政府采购不仅降低了企业技术创新风险，同时增加了企业的收益，解决了企业的资金周转问题，对于资金紧张、融资渠道有限的中小企业和新兴产业帮助很大。

政府风险投资是政府通过向创新企业提供股权资本，增加企业的创新资本投入，从而提高创新成果的创新促进政策。目前，风险投资是国际上广泛采用的促进高新技术产业和中小企业发展的政府支持政策，具体通过以下三种模式实现股权投资：第一，直接投资，即政府建立风险投资基金，以股权投资的方式对企业进行直接投资；第二，间接投资，政府首先投资于私营部门的风险投资公司，再由风险投资公司向企业投资，实现间接投资；第三，混合投资，即政府吸收一定的私人资本，再与政府资金进行联合，建立混合型基金。政府以先供给后引导的方式，促进政府与社会资金进入科技企业，解决了企业自身的融资约束问题，节省了相应的融资成本，增大了企业技术创新的资本供给。此外，有政府风险投资的企业相较于无政府风险投资的企业更敢于进行创新实践，容易产生创新成果。

税收优惠政策是中国财税政策激励企业技术创新的重要间接手段，是指根据国家一定时期的政治、经济和社会发展目标，在现行税制结构下，按照预先规定的目的，从调整和修订税法的角度，对某些特定的组织或活动给予的税收鼓励和照顾措施。具体地，通过免除其应缴的全部或部分税款，或者按照其缴纳税款的一定比例给予返还等，减轻其税收负担。在这里，"税收优惠"是广义的概念，包括税收减免、纳税扣除、加计扣除、加速折旧和延期结算等。税收减免是指根据国家一定时期的政治、经济和社会发展要求，结合征税的普遍性和特殊性，对具有某些特殊情况的生产经营活动给予的税收负担的减轻或免除。税收减免一般包括三种形式：第一，从时间上看，税收减免可分为定期减免和不定期减免。定期减免强调政府给予的减税、免税具有一定的时效性，过期一般不再享受减免照顾；不定期减免则没有固定的时间限制，只要符合减免条件，任何时候都可以享受减免照顾。第二，从性质上看，税收减免一般分为政策减免、困难减免和一般减免；政策减免是指响应国家有关政策精神，对生产经营过程中特定的征税对象所给予的减税和免税照顾；困难减免是针对因特殊情况而导致纳税有困难的纳税人给予的减税和免税；一般减免是指其他一般性的减税和免税。第三，从与税法的关系上看，税收减免分为法定减免和非法定减免。法定减免是指基本税法中明文规定的减税、免税；非法定减免是指基本税法规定以外的由行政性法规规定的减税、免税。在企业的创新过程中，税收减免常被用于所得税和流转税，但是对于流转税中的增值税，税负在不同纳税人之间转移，税收优惠会产生一定的市场扭曲，削弱税收减免的激励效应，因此，更多应用于创新产出阶段。纳税扣除是指准许企业把一些合乎规定的特殊支出，部分或全部地从应税所得中扣除，以减小税基、降低税负，即在计算课税所得时，从所得额中扣除一定数额或以一定比例扣除，以减少纳税人的应纳税所得额。创新激励的纳税扣除主要是对研发费用做出的，分为比例扣除和定额扣除。比例扣除相对科学，根据应税所得的大小决定扣除金额。纳税扣除一定程度上降低了企业技术创新投资的风险，减少了企业的现金净流出。加计扣除是按照税法规定在实际发生数额的基础上，再加成一定比例，作为计算应纳税所得额时的扣除数额的一种税收优惠措施。从本质上讲，加计扣除实际上是纳税扣除的放大效应政策，通过列支比例放大效应诱导企业投入创新。加速折旧是针对企业的大型研发设备而言的，一般情况下，创新研发过程中的大型固定资产的使用期限较长。加速折旧是在固定资产的使用初期对其多计提折旧，随后年份逐期减少的税收激励方式，包括缩短折旧年限、提高折旧率。加速折旧的税收优惠方式，主要通过降低投资者购买初期的税收负担，加快企业的资金回流速度，提高资金利用率。加速折旧的税收优惠政策对激励企业自主创新和推动高新技术产业发展具有明显作用。

（1）降低研发成本。企业的研发成本是企业在创新过程中首要考虑的关键因素。研发创新的成本会直接影响到企业是否开展研发，研发成本过高会导致研发产品的风险性提高，最终会影响企业的经营风险能力。税收优惠政策的根本目标是为了鼓励企业加大研发投入，主要是通过部分减免甚至免除企业为开展技术研发而缴纳的税款以达到帮助企业增强自身研发能力的目标。税收优惠政策的本质是将原本属于政府的税收利益通过优惠政策的方式返还给企业，即相当于政府部分承担了企业进行研发的成本，减轻了企业的研发成本负担和资金压力。如果企业的研发成果为企业带来的经济利益不变，那么由于企业自身承担的研发成本的降低，企业获得的研发收益就会比之前提高，驱使企业开展更多的研发创新，进一步加大新技术的研发以获取更多的经济利益。根据乔根森等学者的资本成本模型，企业的资本使用成本是由企业的固定资产折旧费用以及资金融资成本一起组成的。在征收企业所得税后企业的资本使用成本变大，同时企业所得税率越大，企业的资本使用成本越大，即政府的征税行为会改变企业的研发成本。税收优惠政策能够降低企业的研发费用和资金使用成本，最终激励企业加大研发投入。降低企业从事研发创新所必需的生产要素的征税额同样可以激励企业加强研发活动。比如当前我国企业所得税法中规定企业研发费用可以在计算应纳税所得额时进行 75% 的加计扣除，企业为进行研发所购买的科研设备则可以减税甚至免除税收，对特定的固定资产企业可以选择进行加速折旧，这些优惠税收政策都可以起到降低企业研发成本的作用，政策导向作用明显，可以引导和鼓励企业加大研发创新。

（2）减小研发风险。不确定性是每个企业在创新过程中不可避免的一部分，资金压力、研发人员变动、政府相关政策的变动等突发因素都会导致企业的研发遭遇到较高的不确定性风险。一旦企业的产品在更新换代过程中落后于竞争对手，那么企业往往就会面临较大的生存压力，遭受对手和市场的剧烈冲击，失去自己原有的市场份额。企业对研发创新的收益有一个较好的心理预期，才会积极投入到创新研发，投入更多的资源到企业的研发创新。政府通过减免税、退税及研发费用加计扣除的形式帮助企业减轻税负，使政府部门间接地承担了一部分本该由企业承担的研发创新风险。政府的税收优惠政策可以影响企业研发过程中的不确定风险，事实上政府的税收优惠政策往往能在关键时刻帮助企业缓解企业的资金压力，从而帮助企业走出经营困境，降低企业的经营风险，帮助企业更好的发展。

（3）丰富资金来源。通常企业研发资金主要有两种获取方式，一种是企业外部取得的融资，另一种方式是由企业内部自身经营获得的利润所得。企业的外部融资又分为两种，一种是通过发行企业债券或者股票获取的外部资金，另一种则来自政府部门的资金支持。从外部融资的角度看，税收优惠是对企业研发的一种间接支持方式，企业享受的研发费用加计扣除政策能够缓解企业税收负担，丰富了企业从外部获取资金的渠道。税收优惠可使企业减少税款的缴纳，少缴的税款帮助企业节省内部资金，使企业拥有更多的资金投入到产品研发中。

政府通过实施税收优惠政策可以在研发成本、研发风险以及研发资金三方面影响企业创新。随着企业研发成本的降低，企业会在同等资金条件下开展更多的研发活动。随着面临的研发风险降低，企业也会对研发创新有更高的积极性，最终激励企业创新。

第三章 税收优惠政策的现状分析

一、我国税收优惠政策的现状

（一）双主体的税收优惠政策体系

在激励企业创新的税收激励政策体系中，主要涉及企业所得税、增值税、关税、城镇土地使用税、房产税、印花税等税种，其中企业所得税占据主导地位，增值税次之。企业所得税是对企业的生产经营所得和其他所得征收的一种税，征税对象具体包括主要商品的销售所得、劳务供给所得、资产让渡所得、股息红利所得、特许权使用费所得、接受捐赠所得、租金所得和其他所得。企业所得税激励创新的本质是通过定义成本费用列支的对象、比例、范围和标准等影响企业净利润（即税基）的大小，从而影响企业的投资导向和经营策略，调节产业方向和配置资源的功能显著。此外，从所得税的具体形式看，所得税的具体政策工具应用也很灵活和广泛，几乎涵盖了优惠税率、税收减免、加速折旧和税收退回等直接和间接优惠工具。增值税是以商品及应税劳务在生产、流通和供给等多个环节中产生的增值额为依据征收的一种流转税，有利于增加和稳定收入，能够做到奖励出口、限制进口，激励企业的出口积极性。从商品流通来看，增值税不受商品流转环节多寡的影响，既能够满足生产向专业化协作方向发展的要求，又可以兼顾企业在专业化基础上的联合经营，有利于实现优化配置社会生产要素、调整生产经营结构的改革发展目标。增值税属于中性税种，且属于价外税，由消费者负担，因此调节作用没有企业所得税明显。目前，大部分有关创新的税收优惠政策分布于企业所得税领域，增值税中只有少量涉及。虽然我国将"双主体税制结构"作为我国税制改革的目标，但是目前我国仍然是以增值税、消费税等间接税为主，企业所得税和个人所得税的税收收入在总的税收收入中占比仍然较低，企业在经营生产过程中，仍然以缴纳间接税为主。对企业而言，将研发税收优惠政策进一步扩展覆盖到间接税领域，能够使企业获得更多的优惠力度，为企业创新注入更多的动力。

（二）直接优惠形式占据主导地位

目前，税收优惠政策的形式多种多样，包括免征、减征、优惠税率、费用扣除、加速折旧、投资抵免、结转亏损、先征后退和即征即退等。其中，税收减免和优惠税率是直接优惠形式，通过特定的范围和标准选择政策对象和优惠程度。中国目前主要采用的是直接优惠形式，占据优惠政策总数的60%。直接优惠激励的是创新链的末端，是对企业初期创新成果的奖励，不利于创新失败企业。创新自身存在的高风险性和不确定性导致创新需要宽松的培育环境。直接激励对于创新失败的企业或是当期需要资助的企业并不能给予应有的帮助，弱化了政策的导向性，政策效应大打折扣。费用扣除、加速折旧、投资抵免、结转亏损、先征后退和即征即退等属于间接优惠形式，强调对影响税基的不同环节施以不同的优惠政策，突出事前优惠。这样的优惠形式可以使企业在投资初期享受到税收优惠带来的利益和效果，且优惠的程度与企业自身的投资、生产和经营活动（投资项目、采购对象、销售产品和销售范围）等紧密关，通过税基调节引导企业的创新行为。完善的税收激励政策体系需要多种政策工具的综合运用，扬长避短，才能发挥创新激励的最大效应。可以借鉴西方发达国家激励企业技术创新的成功经验，将税收优惠贯穿于企业研发活动的整个过程；将政策目标细分为几个阶段，针对不同阶段施以适宜的优惠政策；通过事前支持和事后激励引导和促进企业的创新发展。

（三）重点鼓励高新企业和小微企业创新

高新技术企业从属于国家颁布的《国家重点支持的高新技术领域》范畴，是指长期进行科技开发与研究成果转化，形成自身独立的核心知识产权，并以此为基础开展经营活动的企业。高新技术企业是一个兼具知识密集和技术密集的经济实体。高新技术企业的认定政策实际上是对企业潜在实力和未来发展的肯定，具有一定的政策导向性。被认定为高新技术企业的企业一般具有以下特征：第一，企业属于国家重点支持的具有高成长性的企业，具有较好的潜在经济效益；第二，企业管理者具有较强的科技创新意识，具备一定的企业管理能力和市场开拓水平；第三，企业在所属行业和领域中具有较高的地位，具备较强的技术研发实力和高端技术开发能力。因此，高新技术企业成为国家实施优惠支持的重点，体现了中国对创新发展的迫切要求和对科技创新的支持。针对高新技术企业及相关行业的税收优惠政策占据优惠政策总数的一半以上。中国小微企业的数量众多，达到全国企业总数的90%以上，在创新的探索过程中，小微企业往往是突破口。小微企业的各项改革成果，为企业的改革实践提供有益经验，加快中国整体经济创新发展的步伐。李克强总理提出了"大众创业、万众创新"的口号，对中国企业技术创新的要求更加紧迫，掀起了"大众创业""人人创业"的新浪潮。国家陆续通过出台各项税收优惠政策，通过印花税免征、增值税减免及税率降低、应纳税所得额的加计减免等优惠政策实施对小微企业的支持。

（四）政策主要针对创新投入和研发环节

创新投入是企业研发创新的基础和源泉。创新投入需要大量的资金支持，税收优惠激励创新的本质主要是借助直接或间接的税收优惠工具，通过减少税基、降低税率，达到激励创新的作用。一方面，通过对当期研发设备的加速折旧、研发费用的加计扣除、降低企业税率以及对研发的仪器、设备进行流转税的减免等，减少企业的纳税税基，缩减应缴税费；另一方面，由于企业经营的周期性特征，先征后退、亏损结转、投资抵免等间接优惠方式会明显影响企业下一周期研发创新的资金投入。通过解决企业的资金压力，引导企业选择正确的产业发展方向。因此，中国现行的企业技术创新税收优惠政策主要针对的是创新投入和研发环节，而针对技术转让、技术成果转化及产品销售也有一定的要求，但是激励政策有限，且属于事后激励，效果不明显。

（五）政策设置缺乏系统性和前瞻性

现有激励政策的制定主要追求短期效果，缺乏对政策效果的长远考虑和系统分析。现阶段制定的短期政策的最大特点就是缺少严谨、周密的论证过程。一些政策刚出台不久就被废止，由新的政策替代，然后再不断更新，频繁修改、调整和废止降低了政府政策在企业决策中的权重，而且对企业的经营行为形成干扰，可能产生更大的经济波动。同时政策条款的措辞缺乏专业性和规范性，助长了执法的随意性，加剧了执行中的不规范操作。缺乏税收政策框架的整体设计，政策目标不明确，政策结构设置不合理，不同级别的政策散见于各种暂行条例、通知等政府文件中，而且政策之间存在相互矛盾的现象，削弱了政策的权威性，大大降低了税收优惠政策对企业技术创新的影响效应。设置的支持条款中，区域条款过多，加剧地区间不均衡发展。据统计，中国已经出台实施的区域税收优惠政策共有 30 多项，大部分集中于经济特区、保税区、自贸区等经济发展区。区域优惠政策在拉动区域经济的同时，一定程度上削弱了其他区域的发展优势，造成优惠区域内外企业的税负不均，进而限制了非税收优惠区域的生产同类商品企业竞争力，降低了税法的公平性。在具体实践中，经济发达地区所得税优惠政策适用范围广、政策优惠幅度大，其目的就是为了促进当地经济的进一步发展，但是企业所得税优惠政策区域间的不平衡事实上是违背了政府制定税收优惠政策的初衷，影响了税收优惠政策的导向功能。各地政府要结合地方经济发展的具体情况、高新技术产业的特点，制定出切实可行的扶持政策，才能够激发其内生动力，提高技术创新能力。特别是贫困落后地区，应该作为扶持的重点，只有鼓励创新、实施创新才能让这些地区摆脱贫困落后的局面。

（六）政策实施的考察评估机制不健全

目前，中国优惠政策大部分采取备案制，由纳税人先按政策规定享受优惠，再由税务部门根据备案资料进行实地核实。执行中由于部门数据交换不及时、部分企业申报数据不准确等原因，核实人员对企业申报优惠金额的真实性难以把握，政策识别能力差，落实干扰多，信息不对称现象严重。很多企业为了获取税收利益，对照优惠条件编造不实信息、制造不实假象、骗取政策优惠。认定部门与审查部门脱节，导致信息沟通不及时，严重的信息不对称使得资助效率低下。因此，应建立规范的事前考评机制，对企业进行考核评估，考虑被支持企业被支持的原因，是否具有一定的成长性。目前税收优惠政策的实施缺乏动态的监督机制。调查核实难度大，后续管理跟进慢，优惠情况存在不实。税务部门对已享受税收优惠政策的企业的后续管理跟进不及时，不能及时了解和掌握企业的经营动态，且各类管理信息分散于不同部门，不能及时发现企业的经营迎务性质或期限等信息的变化，无法实时确认企业是否仍然符合优惠条件，影响税收优惠政策的执行效果。目前的税收优惠政策缺乏对支持资金使用的后续监督机制。一般情况下，骗取优惠的企业并没有将受助资金投放于企业的创新活动中，是政府支持低效的重要原因。因此，完善税收优惠政策体系，科学制定追踪评估机制，实时监督企业的研发进展，制定相关"违约责任"进行绩效考核，将有效提高政府支持企业技术创新的效率。

二、税收优惠政策的国际经验借鉴

当下世界科技发展越来越快，创新变得越来越重要。重视创新是企业能够持久稳定发展的重要发展战略。国家随着企业持续创新才能日益增强本国的科研综合实力。因此，目前世界各国都陆续出台了税收优惠政策以鼓励企业研发创新。目前各国税收优惠政策的形式主要有两种：一是包括优惠税率以及税额减免的直接优惠形式；二是包括研发费用加计扣除以及对固定资产计提加速折旧的间接优惠形式。

（一）美国的税收优惠政策

美国是世界科研创新的重要推动者。为了鼓励本国企业技术研发，1981年美国国会正式通过了《经济复兴税法》，之后陆续公布了《R&D税收修正法案》以及《税收改革法》等法案，进一步完善了高新技术企业创新时适用的税收优惠政策；为了重点扶助中小技术企业开展创新，将其适用的企业所得税税率由25%降低到14%；对于满足一定条件的微型企业，企业当年的收入所得不再适用企业所得税，而是按照企业主缴纳个人所得税的形式进行征税；为了便于税收管理，专门成立了"中小企业管理局"负责管理中小企业的创新活动；对于企业的研发费用，分为一次性扣除和多年度分别扣除的两种形式，企业选择第一种形式时，可以直接把当年新支出的研发费用的30%进行抵扣，而分年限扣除是指企业选择将研发费用分别在超过5年的期间内逐步扣除；而对于企业的科研设备折旧方式，企业可以选择最高90%的折旧比例，其中科研用软件折旧期间最短为2年，科研用设备机器折旧期间最短为3年；关于税收抵免，美国政府鼓励高科技企业积极开展与高校或者专门的研发机构合作，如果企业委托高校或者专门的研发机构研发新产品后，可以将基础研发费用的65%用来直接抵免公司当年的应纳所得税；而对于向大学或者研究机构无偿捐献设备或资金的科技企业，则可以直接按照其捐赠的金额直接抵免企业当年的所得税额。为了帮助企业加强研发，美国出台了一系列专门针对企业科研人员的优惠税收政策，企业管理层以及企业核心研发人员取得股票期权时，不论是授予日还是员工行权日都无须缴纳个人所得税，只需要在期权销售时缴纳资本利得税，这些措施有效降低了研发人员的税收负担，有助于企业引进和重视研发人员，进而提高企业的创新能力。

（二）日本的税收优惠政策

日本是综合性的科技强国，日本构建创新税收优惠体系甚至早于西方欧美国家。早在 1950 年，为帮助更多企业开展技术产品创新，日本颁布了《促进基础技术开发税法》，之后又颁布了《科学技术基本法》。日本注重企业的科技研发角色，1970—1980 年间企业研发费用占据了全国研发费用的 60%。为了帮助科技型中小企业，日本给予中小企业更高比例的税收抵免额，中小企业可以获得 12% 的税收抵免额度，远远高于一般企业的 8% 和高科技企业的 10%，此外还允许企业对中小研发企业的风险投资额部分扣除；关于企业的研发费用，政府规定只要企业当年研发费用相比上年度有所增加，超出的部分就可以用来对当年的应纳税额继续进行加计抵扣，而如果超出 10%，企业还可以选择进一步的额外抵免。关于企业研发设备的折旧，高新技术企业达到了政府规定标准就可以适用 5 年期的特别折旧政策，而且购入设备的首个年度可以对其计提最高达 55% 的折旧额；中小科技企业购买的研发设备，除了正常折旧外还能额外计提 30% 的折旧额。加速折旧政策能够促进企业加大研发设备投入，加快企业的资金周转能力，帮助企业提高自身的研发能力。

（三）韩国的税收优惠政策

韩国拥有像三星、LG 等一些世界知名的科技企业，这和韩国政府重视企业创新密不可分。韩国关于创新的税收优惠政策主要分为三大类：第一类是针对企业的研发成果给予企业一定的消费税减免；第二类是关于科研人员薪资和技术转让的个人所得税优惠政策；第三类则为研发设备的加速折旧。韩国政府规定只要企业的创新产品具备良好的发展前景和创新性，便可以在产品进入市场后适用消费税减免政策；个人所得税的优惠政策针对国内外公民有所区别，针对本国公民转让专利技术或者取得的专利技术租赁收入免征个人所得税，而国外公民在本国取得的专利技术转让收入或者租赁收入则按照减半征收个人所得税。韩国政府为了吸引国外优秀科研人员到本国工作，规定在韩国从事创新工作的国外科研人员取得的个人收入可以在前 5 年内免征个人所得税，超过 5 年期限的可以享受专门的优惠税率。对于企业创新涉及的固定资产，分别在购买环节和使用环节给予不同的优惠政策。在购买环节，高新技术企业购买符合标准的固定资产，便可以直接将其价值 10% 用于税收抵扣，在固定资产使用环节，其价值的 60% 适用加速折旧政策。在进口环节，免征国内高新技术企业进口用于研发的设备、计算机软件等所涉及的关税和增值税。另外，韩国最早在 1972 年就建立了"企业研发准备金"制度，允许企业把当年营业收入的一部分专门拨入到企业的研发资金中，用于企业在之后 3 年的技术研发、职工培训等方面。除此之外，地方税种也给予了多种税收优惠促进企业加大研发投入。高新技术企业购买生产线或者厂房等不动产用于企业技术研发，企业可以享受免除不动产购置税等地方税种。

（四）德国的税收优惠政策

"德国制造"一直都是高质量高科技产品的代名词，德国的高新技术产业自从 20 世纪的 80 年代就进入了飞速发展轨道，这和德国政府出台的一系列优惠政策有关。为了促进本国高新技术产业的发展，德国政府专门出台了《推动高科技创业计划》，德国高新产业的增速曾经连续 8 年超过 10%，这和德国重视高新技术产业的态度息息相关。在 21 世纪，政府进一步开展多项高新技术产业发展战略，比如"德国高新技术战略 2020"和"微系统计划"。为了重点支持中小企业加强技术研发，设立专项资金减轻中小企业的资金压力，有效缓解中小企业在研发初期资金紧张的局面。德国科技型企业中，中小企业占据了绝大部分，其中约90%的企业满足国家的中小科创企业认定门槛。在税收优惠方面，对于新建于欠发达地区的中小高新企业，企业营业的前5年可以享受营业税免税的政策以及所得税减半征收的优惠措施。企业创新资产按照动产和不动产两种类别采用不同的折旧方式，动产拥有较高的折旧率，最高可以加速折旧70%，而土地等不动产的折旧率为40%，在折旧年限方面，用于企业创新研发的固定资产最短的折旧年限为3年，最长则为7年，另外企业还可以按照规定每年计提额外高达40%的补充折旧。各种加速折旧政策帮助企业资金回流，在一定程度上减轻了企业的资金压力，有助于企业创新研发。

第四章　税收优惠与企业创新的实证检验

本章采用 2008—2017 年沪深 A 股上市公司为研究样本，以发明、实用新型、外观设计作为创新的替代变量，通过逐步回归模型验证了税收优惠对企业创新的激励效应，通过双向固定效应模型检验了各会计年度税收优惠政策的不断变化对企业创新的激励效应及不同幅度税收优惠对企业创新的激励效应。研究结论为优化税收优惠政策提供了经验支持，有助于进一步改善税收政策效应。

一、研究假设

税收优惠政策对企业创新的影响，主要是通过为企业"减负"，纠正创新活动的外部性，给市场释放积极信号等多种途径激励企业创新。首先，税收优惠是国家通过减少税收，让渡一部分利益增加企业的税后利润，减轻企业负担，起到了"减负"的作用。通过对企业研发要素投入实行税收优惠，企业可以降低创新活动的投资成本，减少企业资金流出，直接减轻研发压力，提高企业的内部融资能力。其次，研发属于公共品。大量学者研究发现，企业创新活动给企业带来的收益低于创新活动的社会收益。一项创新成果可以被其他企业快速享用，并且成本与创新主体所投入的相差甚远，外部性导致企业创新热情低下，而税收政策可以纠正研发活动的外部性。研发活动是高风险的投资活动，企业投入大量的人力、物力以及时间成本，但结果是非常不确定的，研发活动的风险更大。税收优惠通过减轻企业负担和降低投资成本，增加预期收入并降低了研发创新的风险。最后，税收优惠政策有很好的导向作用，可以向市场释放积极的信号，一方面刺激更多社会资源投资研发创新，另一方面可以缓解企业外部融资难的问题。因此，此处提出以下假设。

假设税收优惠对创新存在正向激励作用。

二、样本选择

这里选取 2008—2017 年沪深 A 股上市公司为研究样本。样本始于 2008 年是由于 2008 年新《中华人民共和国企业所得税法》实施，企业所得税基准税率由 33% 变更为 25%，研发费用加计扣除政策在法律上得以明确规定；样本截止于 2017 年是由于上市公司专利数据的统计截止到 2017 年。此处数据来自 CSMAR 数据库。初始样本观测数为 11 312 个，剔除非标准审计意见的观测值 75 个，剔除退市的观测值 39 个，剔除净利润小于 0 的观测值 543 个，剔除金融行业的观测值 279 个，剔除总负债小于长期负债的观测值 84 个，剔除缺失值 98 个，最终得到样本 10 194 个。此处对相关连续变量进行了上下 1% 的 Winsorize 处理。

三、变量定义及描述性统计

被解释变量：创新。企业创新的衡量方法有很多种，主要分为创新投入与创新产出。创新投入大多采用研发投入占销售收入的比例和研发人员占比，创新产出有专利申请数与授权数，其中专利又可以分为发明专利，外观设计和实用新型专利。发明专利申请数量与授权数量是不同的，2019 年中国发明专利申请数量高达 154.20 万件，而授权数量仅有 43.21 万件，发明专利授权量仅占申请量的 28%，远低于发明专利申请数量。这里采用企业专利的申请数与授权数作为创新的替代变量。各变量的具体计算方法为上市公司专利申请数或专利授权数加 1 的自然对数。

解释变量：税收优惠。税收优惠有企业所得税税率与税收优惠绝对值两种表示方法。企业所得税税率有名义税率和实际税率之分。名义税率有 25% 和 15% 两种，一般企业适用 25% 的基准税率，高科技企业适用 15% 的优惠税率。企业享受税收优惠的形式多样，例如研发费用加计扣除政策、技术转让政策等。研发加计扣除激励效果显著优于 15% 税率式优惠。如果仅以名义税率来区分企业是否享受税收优惠，相当于把享受税收优惠的企业局限在特定行业，忽略了研发费用加计扣除优惠政策。实际上，享受税收优惠的企业是很普遍的，例如研发费用加计扣除政策就适用于所有存在研发支出的企业，技术转让政策适用于所有存在技术转让行为的企业，而所有这些享受税收优惠的行为最后都会以实际税率的形式体现。此处以企业所得税实际税率是否大于 25% 的基准税率为标准，判断企业是否享受税收优惠。本变量的具体计算方法为企业所得税基准税率 25% 与企业所得税实际税率的差值，实际税率为所得税费用与税前利润的商。税收优惠的取值范围为 –41.50% 至 49.60%，即实际税率的取值范围为 –24.60% 至 61.50%，由于不同企业享受税收优惠的形式不同及所得税纳税调整政策，实际税率大大偏离名义税率 25%，虽然标准差仅为 0.1174，但不同企业的税收优惠幅度差异巨大。

为保证回归结果的稳健性，此处选取了权益报酬率、企业规模、资产负债率、长期债务比率、企业成立时间、企业价值、每股现金净流量、股利支付率等控制变量，具体变量定义请见表 4–1。

表 4–1　变量定义

变量名称	符号	变量定义
专利申请数	Apply	ln（专利申请数 +1）
发明申请数	IApply	ln（发明申请数 +1）
实用新型申请数	UApply	ln（实用新型申请数 +1）
外观设计申请数	DApply	ln（外观设计申请数 +1）
专利授权数	Grant	ln（专利授权数 +1）

变量名称	符号	变量定义
发明授权数	IGrant	ln（发明授权数 +1）
实用新型授权数	UGrant	ln（实用新型授权数 +1）
外观设计授权数	DGrant	ln（外观设计授权数 +1）
税收优惠（税率）	tax	25% ~ 实际所得税税率
税收优惠（绝对值）	Tax	ln（税前利润 x tax）
权益报酬率	ROE	净利润 / 净资产
企业规模	size	Ln（总资产）
资产负债率	lev	负债 / 资产
长期债务比率	longdebt	长期负债 / 资产
成立时间	age	ln（成立时间 +1）
企业价值	tobinq	Tobin'Q
每股现金净流量	cash	经营活动现金流量净额 / 普通股股数
股利支付率	DIV	股利 / 净利润

表 4-2　变量描述性统计

变量	样本量	均值	中位数	标准差	最大值	最小值
Apply	10 194	2.9340	2.9960	1.5590	9.0160	0.0000
IApply	10 194	2.1160	2.0790	1.4570	8.7480	0.0000
UApply	10 194	2.0840	2.0790	1.5840	8.4340	0.0000
DApply	10 194	0.7442	0.0000	1.1890	6.7910	0.0000
Grant	10 194	2.6300	2.6390	1.4910	8.7470	0.0000
IGrant	10 194	1.4150	1.3860	1.2470	8.1730	0.0000
UGrant	10 194	2.0210	2.0790	1.5550	8.5510	0.0000
DGrant	10 194	0.7323	0.0000	1.1810	6.9250	0.0000
tax	10 194	0.0829	0.0983	0.1174	0.4960	−0.4150
ROE	10 194	0.0827	0.0734	0.0566	0.2862	0.0034
size	10 194	21.8400	21.6900	1.1510	25.5100	19.9000
lev	10 194	0.3712	0.3566	0.1940	0.8324	0.0428
longdebt	10 194	0.0473	0.0093	0.0735	0.6962	0.0000
age	10 194	2.5500	2.6390	0.4922	3.6110	0.0000
tobinq	10 194	2.6660	2.0530	2.0940	11.1600	0.2234

续表

变量	样本量	均值	中位数	标准差	最大值	最小值
cash	10 194	0.3322	0.0437	1.5460	26.7500	−16.1200
DIV	10 194	0.0227	0.0191	0.0183	0.2572	0.0000

图 4-1 展示了样本企业在不同企业性质、不同经济区域及不同行业的异质性分布。企业性质方面，可以看到 10 194 家样本企业中，国企有 2874 家，占比 28.19%，而民企有 6799 家，占比 66.70%，外资企业与其他企业只占 5.11%；经济区域方面，有 7044 家企业分布在东部区域，占比 69.08%，中部区域 1441 家企业、西部区域 1273 家企业与东北地区的 436 家企业，总共 3150 家，占比 30.92%；行业分布方面，高科技企业有 4110 家，占比 40.32%，非高科技企业有 6084 家，占比 59.68%。

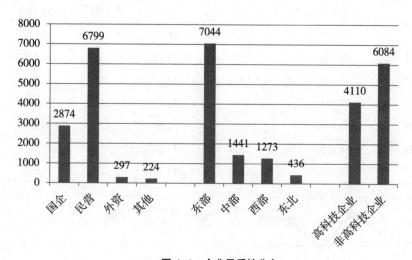

图 4-1　企业异质性分布

四、样本描述性统计

样本描述性统计的结果见表 4-3。各个会计年度享受税收优惠的企业数量都在样本总数的 82% 以上，最高高达 94.94%，绝大多数企业都以各种形式享受了税收优惠，说明税收优惠范围之广。享受税收优惠的企业实际税率均值最小为 2008 年的 10.51%，最大为 2011 年的 14.08%，优惠税率均值大大低于企业所得税基准税率 25%，甚至低于高科技企业优惠税率 15%，说明税收优惠幅度之大。未享受税收优惠的企业实际税率均值最小值为 2010 年的 29.44%，最大达到 2013 年的 37.96%，远远超过企业所得税基准税率 25%。税收优惠对企业所得税实际税率的影响是显著的，享受税收优惠的企业与未享受税收优惠的企业的实际税率存在明显差异。

表 4-3　享受税收优惠的企业占比及优惠税率均值

会计年度	享受优惠企业占比	样本企业年度总数	优惠税率均值	基准税率	未享受优惠税率均值
2008	89.38%	160	10.51%	25%	32.56%
2009	92.37%	249	12.33%	25%	36.46%
2010	93.83%	470	13.75%	25%	29.44%
2011	94.94%	613	14.08%	25%	34.89%
2012	85.11%	1263	13.72%	25%	36.23%
2013	82.78%	1324	13.51%	25%	37.96%
2014	83.18%	1450	12.87%	25%	35.60%
2015	84.09%	1578	12.86%	25%	36.88%
2016	84.51%	1834	13.35%	25%	37.75%
2017	82.44%	1253	13.23%	25%	35.92%

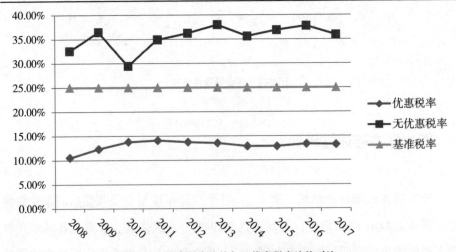

图 4-2　优惠税率均值与无优惠税率均值对比

各会计年度样本企业总数逐年递增，2008 年至 2011 年享受税收优惠的企业数量均小于 600 家，2012 年至 2017 年享受税收优惠的企业数量均多于 1000 家，2008 年至 2011 年未享受税收优惠的企业均不足 40 家，2012 年至 2017 年未享受税收优惠的企业均多于 200 家。享受税收优惠的企业占绝大多数，其专利申请数均值普遍高于未享受税收优惠企业的专利申请数均值。具体来说，享受税收优惠企业的发明专利申请数量显著高于未享受税收优惠企业的发明专利申请数量，实用新型与外观设计专利在两者之间的差异较小。各会计年度享受税收优惠企业的创新总量逐年递增，显著超过未享受税收优惠企业的创新总量，初步说明了税收优惠对企业创新的激励作用。

表 4-4　企业专利申请数量均值对比

会计年度	享受优惠企业（申请数均值）					未享受优惠企业（申请数均值）				
	专利	发明	实用新型	外观设计	样本	专利	发明	实用新型	外观设计	样本
2008	2.15	1.44	1.26	0.59	143	1.99	1.38	1.25	0.52	17
2009	2.42	1.62	1.60	0.59	230	2.07	1.41	1.26	0.23	19
2010	2.16	1.41	1.37	0.58	441	2.20	1.50	1.54	0.64	29
2011	2.58	1.70	1.78	0.67	582	2.43	1.46	1.87	0.89	31
2012	2.81	1.99	1.96	0.72	1075	2.45	1.58	1.77	0.64	188
2013	2.97	2.17	2.08	0.73	1096	2.57	1.77	1.80	0.51	228
2014	3.07	2.25	2.14	0.80	1207	2.53	1.80	1.71	0.62	243
2015	3.11	2.28	2.23	0.75	1327	2.83	2.02	2.11	0.59	251
2016	3.18	2.37	2.31	0.83	1550	2.80	1.94	2.10	0.69	284
2017	3.35	2.51	2.45	0.88	1033	3.26	2.28	2.58	0.84	220

在企业专利申请数量方面，无论是享受税收优惠的企业，还是未享受税收优惠的企业，发明专利申请数量均值与实用新型申请数量均值基本持平，远高于外观设计专利申请数量均值；发明专利与实用新型专利申请数量逐年上升，外观设计专利申请数量变化较为平缓。

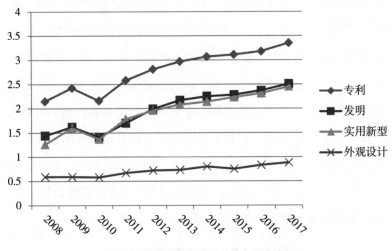

图 4-3　享受税收优惠企业的专利申请数

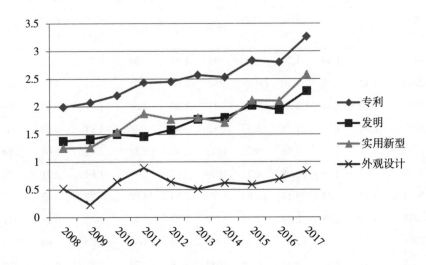

图 4-4　未享受税收优惠企业的专利申请数

各会计年度样本企业总数逐年递增，2008 年至 2011 年享受税收优惠的企业数量均小于 600 家，2012 年至 2017 年享受税收优惠的企业数量均多于 1000 家，2008 年至 2011 年未享受税收优惠的企业均不足 40 家，2012 年至 2017 年未享受税收优惠的企业均多于 200 家。享受税收优惠的企业占绝大多数，2008 年至 2011 年期间，享受税收优惠企业的专利授权数均值低于未享受税收优惠企业的专利授权数均值，2012 年至 2017 年期间，享受税收优惠企业的专利授权数均值高于未享受税收优惠企业的专利授权数均值。具体来说，2012 年至 2017 年期间，享受税收优惠企业的发明专利及实用新型专利授权数量显著高于未享受税收优惠企业的发明专利及实用新型专利授权数量，外观设计专利在两者之间的差异较小。虽然 2008 年至 2011 年期间享受税收优惠企业的专利授权数均值低于未享受税收优惠企业的专利授权数均值，享受税收优惠企业的数量占绝大多数，同时 2012 年至 2017 年期间享受税收优惠企业的数量大幅增加，其创新总量显著超过未享受税收优惠企业的创新总量，初步说明了税收优惠对企业创新的激励作用。

表 4-5 企业专利授权数量均值对比

会计年度	享受优惠企业（授权数均值）					未享受优惠企业（授权数均值）				
	专利	发明	实用新型	外观设计	样本	专利	发明	实用新型	外观设计	样本
2008	1.65	0.61	1.16	0.55	143	1.81	0.90	1.16	0.48	17
2009	1.82	0.77	1.29	0.64	230	1.60	0.94	0.99	0.26	19
2010	1.87	0.64	1.39	0.62	441	1.97	0.72	1.49	0.69	29
2011	2.19	0.96	1.60	0.62	582	2.24	1.04	1.84	0.77	31
2012	2.50	1.28	1.89	0.72	1075	2.25	1.05	1.74	0.65	188
2013	2.71	1.38	2.14	0.73	1096	2.43	1.16	1.87	0.56	228
2014	2.73	1.38	2.14	0.75	1207	2.38	1.24	1.80	0.60	243
2015	2.84	1.63	2.16	0.80	1327	2.60	1.46	2.06	0.63	251
2016	2.82	1.72	2.13	0.76	1550	2.60	1.46	2.01	0.63	284
2017	3.05	1.87	2.40	0.88	1033	3.02	1.76	2.48	0.87	220

在企业专利授权数量方面，无论是享受税收优惠的企业还是未享受税收优惠的企业，发明专利与实用新型专利申请数量逐年上升，外观设计专利申请数量变化较为平缓；发明专利授权数量均值显著低于实用新型授权数量均值，高于外观设计专利申请数量均值。发明专利申请数量均值与实用新型申请数量均值持平，同时发明专利授权数量均值显著低于实用新型专利授权数量均值，说明发明专利授权难度大于实用新型专利授权。

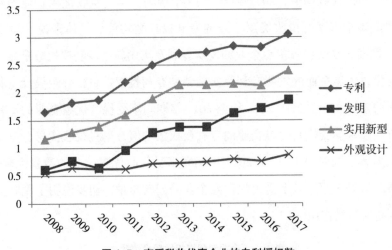

图 4-5　享受税收优惠企业的专利授权数

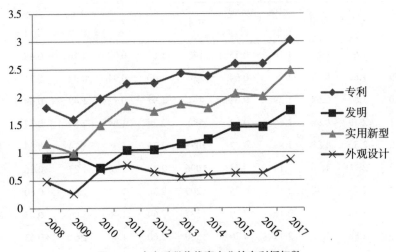

图 4-6　未享受税收优惠企业的专利授权数

此处将企业按税收优惠幅度分为三组，计算相应的企业创新组内均值，并按年限列示第一组与第三组企业在不同税收优惠幅度下企业专利申请数的变化趋势。如图 4-7—图 4-10 所示，享受不同幅度税收优惠的企业创新变化趋势基本一致，均为连年递增；享受税收优惠的企业创新大于未享受税收优惠的企业创新，其中享受税收优惠的企业发明专利申请数显著大于未享受税收优惠的发明专利申请数，初步验证了税收优惠激励了企业创新，税收优惠幅度越大，企业创新越强。

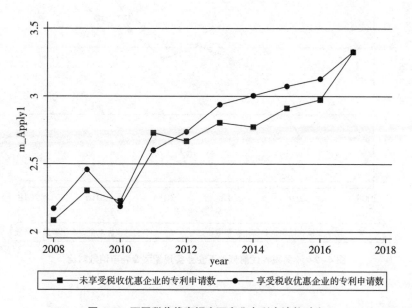

图 4-7　不同税收优惠幅度下企业专利申请数对比

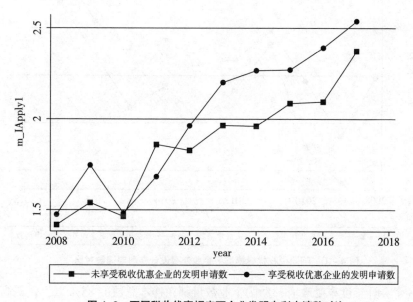

图 4-8　不同税收优惠幅度下企业发明专利申请数对比

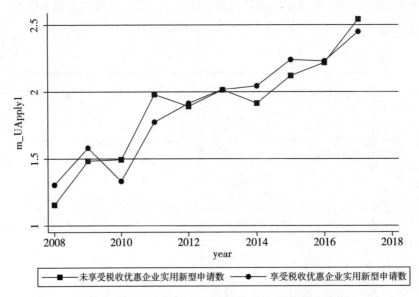

图 4-9　不同税收优惠幅度下企业实用新型专利申请数对比

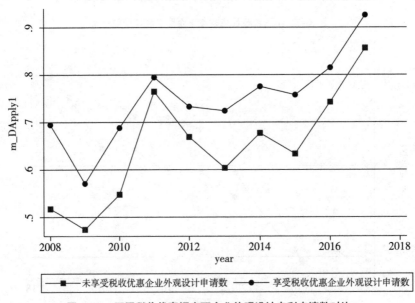

图 4-10　不同税收优惠幅度下企业外观设计专利申请数对比

　　各个会计年度享受政府补助的企业数量都在样本总数的 85% 以上，最高可达 100%，各个会计年度享受专利补助的企业数量都在样本总数的 78% 以上，最高可达 95.92%，享受政府补助的企业大部分都享受了专利补助。绝大多数企业都享受了政府补助及专利补助，说明政府补助及专利补助范围之广。享受专利补助的企业一般还享受其他政府补助，专利补助均值与其他补助均值基本持平。

表 4-6　享受政府补助的企业占比

会计年度	样本企业年度总数	享受政府补助企业占比	享受专利补助企业占比	专利补助均值	其他补助均值
2008	160	99.38%	95%	14.19	14.73
2009	249	100%	93.17%	13.96	14.72
2010	470	99.79%	94.47%	14.05	14.88
2011	613	100%	95.6%	13.98	15.01
2012	1263	99.68%	94.77%	14.30	15.38
2013	1324	100%	95.92%	14.34	15.67
2014	1450	99.93%	95.86%	14.34	15.70
2015	1578	100%	95.63%	14.40	15.93
2016	1834	100%	95.53%	14.40	16.05
2017	1253	85.14%	78.27%	14.53	12.02

各会计年度样本企业总数逐年递增，2008 年至 2011 年享受专利补助的企业数量均小于 600 家，2012 年至 2017 年享受专利补助的企业数量均多于 1000 家，2008 年至 2011 年未享受专利补助的企业均不足 30 家，2012 年至 2017 年未享受专利补助的企业均多于 50 家。享受专利补助的企业占绝大多数，其专利申请数均值普遍高于未享受专利补助企业的专利申请数均值。具体来说，享受专利补助企业的发明专利、实用新型与外观设计专利申请数量显著高于未享受专利补助企业的发明专利申请数量。各会计年度享受专利补助企业的创新总量逐年递增，显著超过未享受专利补助企业的创新总量，初步说明了政府补助对企业创新的激励作用。

表 4-7　企业专利申请数量均值对比

会计年度	享受专利补助的企业					未享受专利补助的企业				
	专利	发明	实用新型	外观设计	样本	专利	发明	实用新型	外观设计	样本
2008	2.15	1.45	1.25	0.61	152	1.90	1.25	1.43	0.17	8
2009	2.42	1.61	1.58	0.60	232	2.04	1.51	1.30	0.15	17
2010	2.22	1.46	1.41	0.61	444	1.28	0.80	0.90	0.08	26
2011	2.59	1.71	1.80	0.69	586	2.00	1.21	1.38	0.47	27
2012	2.81	1.98	1.97	0.73	1197	1.80	1.04	1.38	0.32	66
2013	2.94	2.13	2.05	0.70	1270	2.17	1.40	1.43	0.54	54
2014	3.02	2.21	2.10	0.78	1391	2.02	1.30	1.28	0.50	60
2015	3.11	2.28	2.24	0.74	1509	2.08	1.41	1.53	0.43	69
2016	3.06	2.34	2.30	0.83	1752	2.18	1.37	1.60	0.52	82
2017	3.40	2.55	2.53	0.88	980	3.11	2.19	2.27	0.84	272

　　各会计年度样本企业总数逐年递增，2008 年至 2011 年享受专利补助的企业数量均小于 600 家，2012 年至 2017 年享受专利补助的企业数量均多于 1000 家，2008 年至 2011 年未享受专利补助的企业均不足 30 家，2012 年至 2017 年未享受专利补助的企业均多于 50 家。享受专利补助的企业占绝大多数，其专利授权数均值普遍高于未享受专利补助企业的专利授权数均值。具体来说，享受专利补助企业的发明专利、实用新型与外观设计专利授权数量显著高于未享受专利补助企业的发明专利授权数量。各会计年度享受专利补助企业的创新总量逐年递增，显著超过未享受专利补助企业的创新总量，初步说明了政府补助对企业创新的激励作用。

表 4-8　企业专利授权数量均值对比

会计年度	享受专利补助的企业					未享受专利补助的企业				
	专利	发明	实用新型	外观设计	样本	专利	发明	实用新型	外观设计	样本
2008	1.69	0.67	1.16	0.56	152	1.27	0.22	1.11	0	8
2009	1.82	0.79	1.28	0.64	232	1.63	0.65	1.15	0.24	17
2010	1.92	0.66	1.42	0.65	444	1.25	0.31	1.06	0.22	26
2011	2.22	0.98	1.64	0.63	586	1.58	0.51	1.12	0.48	27
2012	2.50	1.27	1.89	0.73	1197	1.81	0.72	1.42	0.34	66
2013	2.70	1.38	2.12	0.71	1270	1.88	0.67	1.42	0.54	54
2014	2.71	1.38	2.13	0.74	1391	1.71	0.75	1.12	0.45	60
2015	2.85	1.64	2.18	0.78	1509	1.79	0.93	1.27	0.43	69
2016	2.82	1.71	2.14	0.75	1752	2.00	0.93	1.47	0.54	82
2017	3.11	1.91	2.47	0.89	980	2.82	1.61	2.21	0.82	272

五、模型设定

为了证明企业享受税收优惠可以有效促进创新产出，检验税收优惠对企业创新的激励作用，此处设立了以下固定效应模型：

$$Apply_{i,t} = \beta_0 + \beta_1 tax_{i,t} + \beta_2 govgrants_{i,t} + \beta_3 ROE_{i,t} + \beta_4 size_{i,t} + \beta_5 lev_{i,t}$$
$$+ \beta_6 lev2_{i,t} + \beta_7 longdebt_{i,t} + \beta_8 age_{i,t} + \beta_9 tobinq_{i,t}$$
$$+ \beta_{10} cash_{i,t} + \beta_{11} DIV_{i,t} + \mu_i + \gamma_t + \varepsilon_{it}$$

模型（1）

六、实证结果分析

（一）基准回归

模型（1）的解释变量为税收优惠（tax），被解释变量为企业创新（Apply），具体变量定义见表4-1。tax 为 25% 基准税率与企业实际税率之差。tax 越大，表明企业享受税收优惠幅度越大。此处预期模型（1）的 β_1 显著为正，即通过享受税收优惠可以激励企业创新。逐步回归的结果见表4-9，整体来看模型可决系数 R^2 较好，相关变量的参数估计结果均较为显著。第 2 列显示在没有控制变量时，税收优惠与企业创新的正向促进关系，第 3 列至第 12 列显示了逐步加入相关控制变量后，税收优惠与企业创新的回归结果仍然显著为正，实证结果验证了假设 1。第 3 列表明政府补助越多，越有利于企业创新；第 4 列显示了企业盈利能力越强，越有利于企业创新；第 5 列显示了企业规模越大，越有实力进行创新；第 6 列与第 7 列显示一定的债务比率有利于企业发挥杠杆作用，但企业债务比率过大将承担较大的财务风险，容易融资约束而减少创新；第 8 列显示长期债务比率过大，企业财务风险过大，抑制企业创新；第 9 列显示企业成立时间过长，创新能力将有所减退。第 10 列至第 12 列显示了企业价值、现金及股利支付率对企业创新的影响。第 2 列至第 12 列逐步加入了政府补助、企业盈利能力、企业规模、资产负债率、长期债务比率、企业成立时间、企业价值、现金及股利支付率等控制变量。在不断加入控制变量的过程中，税收优惠（tax）对企业创新（Apply）的回归结果均在 1% 水平上显著为正，验证了税收优惠对企业创新的激励效应。

表4-9　基准回归

	(1)	(2)	(3)	(4)	(5)	(6)	(7)	(8)	(9)	(10)	(11)
	Apply	Apply	Apply	Apply	Apply	Apply	Apply	Apply	Apply	Apply	Apply
tax	0.3768	0.4078	0.1977	0.9542***	0.9612***	0.9092***	0.9185***	0.8677***	0.8663***	0.8675***	0.8526***
govgrants		0.1475***	0.1430***	0.0629***	0.0628***	0.0610***	0.0599***	0.0589***	0.0592***	0.0592***	0.0593***
ROE			2.6382***	1.4941**	1.4998**	1.4753**	1.1700	1.2078**	1.2959*	1.3057*	1.4440**
size				0.5469***	0.5424***	0.5528***	0.6089***	0.6153***	0.6083***	0.6086***	0.6094***
lev					0.0465	2.2602***	2.4801***	2.6156***	2.5675***	2.5420***	2.5000***
lev2						-2.7979***	-2.4956***	-2.5723***	-2.5389***	-2.5140***	-2.4801***
longdebt							-3.2801***	-3.2417***	-3.2361***	-3.2326***	-3.1984***
age								-0.2347***	-0.2355***	-0.2359***	-0.2354***
tobinq									-0.0082	-0.0081	-0.0088
cash										-0.0073	-0.0097
DIV											-1.1721
时间	是	是	是	是	是	是	是	是	是	是	是
行业	是	是	是	是	是	是	是	是	是	是	是
N	10194	10194	10194	10194	10194	10194	10194	10194	10194	10194	10194
adj.R-sq	0.0348	0.0902	0.0989	0.2234	0.2234	0.2285	0.2444	0.2488	0.2488	0.2488	0.2489

注：表中括号内为T值，***、**、* 表示显著性水平分别小于1%、5%、10%，全书同。

（二）税收优惠对企业创新的激励效应

此处分别采用专利、发明、实用新型及外观设计的申请数（Apply）及授权数（Grant）作为创新的替代变量，采用25%与企业实际税率的差值（tax）及税收优惠绝对值的对数（Tax）作为税收优惠的替代变量，应用模型（1）进行税收优惠对企业创新的实证检验。

（1）税收优惠（tax）对企业创新（专利申请数）的激励效应

本节分别采用专利、发明、实用新型及外观设计的申请数（Apply）作为创新的替代变量，采用25%与企业实际税率的差值（tax）作为税收优惠的替代变量，分别采用 Apply、IApply、DApply、UApply 与 tax 进行税收优惠对企业创新的实证检验。此处预期模型（1）中 β_1 显著为正，即享受税收优惠可以激励企业创新。回归的结果见表4–10。从系数 β_1 来看，各替代变量的参数估计结果均为正，其中专利（Apply）及发明专利（IApply）的参数估计结果在1%的水平上显著为正，并且发明专利的参数为0.8422，大于专利的参数0.7402；实用新型（DApply）的参数估计结果虽然为正，但并不显著；外观设计（UApply）的参数估计结果在5%的水平上显著为正，参数值0.6525，小于专利及发明的参数估计结果；税收优惠（tax）对专利、发明、外观设计申请数回归结果的拟合优度均在30%之上，税收优惠（tax）对实用新型的拟合优度低于10%；整体来看，回归结果说明企业享受的税收优惠对创新均有正向激励作用，企业享受税收优惠最有益于企业发明专利创新。

表 4–10　税收优惠 (tax) 对企业创新（专利申请数）的实证结果

	Apply	IApply	DApply	UApply
tax	0.7402***	0.8422***	0.2643	0.6525**
	（3.0943）	（3.6630）	（1.5060）	（2.5161）
govgrants	0.0416***	0.0466***	0.0257***	0.0268***
	（7.0400）	（6.3519）	（6.1510）	（4.2724）
控制变量	是	是	是	是
时间	是	是	是	是

续表

	Apply	IApply	DApply	UApply
行业	是	是	是	是
N	10 194	10 194	10 194	10 194
adj.R-sq	0.4255	0.3612	0.0994	0.3178

（2）税收优惠（tax）对企业创新（专利授权数）的激励效应

本节采用专利、发明、实用新型及外观设计的授权数作为创新的替代变量，采用25%与企业实际税率的差值（tax）作为税收优惠的替代变量，分别采用Grant、IGrant、UGrant、DGrant 与 tax 进行回归。此处预期模型（1）的 β_1 显著为正，即享受税收优惠可以激励企业创新。回归的结果见表4-11。从系数 β_1 来看，各替代变量的参数估计结果均为正，其中发明专利（IGrant）的参数估计结果在1%的水平上显著为正，专利（Grant）及实用新型（UGrant）的参数估计结果在5%的水平上显著为正，外观设计（DGrant）的参数估计结果不显著；专利（Grant）的参数估计结果为0.5847，大于发明专利（IGrant）的参数估计结果0.5782，实用新型（DApply）的参数估计结果最高，为0.6177；税收优惠（tax）对专利、发明、实用新型授权数回归结果的拟合优度均在30%之上，税收优惠（tax）对外观设计的拟合优度低于10%；整体来看，回归结果说明企业享受的税收优惠对创新均有正向激励作用，企业享受税收优惠最有益于企业发明专利及实用新型专利创新。

表 4-11　税收优惠 (tax) 对企业创新（专利授权数）的实证结果

	Grant	IGrant	UGrant	DGrant
tax	0.5847**	0.5782***	0.6177**	0.2086
	(2.4499)	(3.8013)	(2.2045)	(1.2472)
govgrants	0.0385***	0.0384***	0.0278***	0.0249***
	(5.8053)	(5.1946)	(4.1504)	(5.4747)
控制变量	是	是	是	是
时间	是	是	是	是
行业	是	是	是	是
N	10 194	10 194	10 194	10 194
adj.R-sq	0.4068	0.3244	0.3092	0.095

（3）税收优惠（Tax）对企业创新（专利申请数）的激励效应

本节分别采用专利、发明、实用新型及外观设计的申请数（Apply）作为创新的替代变量，采用税收优惠绝对值的对数（Tax）作为税收优惠的替代变量，分别采用 Apply、IApply、DApply、UApply 与 Tax 进行税收优惠对企业创新的实证检验。此处预期模型（1）中 β_1 显著为正，即享受税收优惠可以激励企业创新。回归的结果见表 4–12。从系数 β_1 来看，各替代变量的参数估计结果均为正，其中专利（Apply）及发明专利（IApply）的参数估计结果在 1% 的水平上显著为正，并且发明专利的参数为 0.1581，大于专利的参数 0.1218；实用新型（DApply）的参数估计结果在 5% 水平上显著，外观设计（UApply）的参数估计结果在 10% 的水平上显著为正，实用新型的参数估计结果 0.0897 及外观设计的参数估计结果 0.0544，均小于专利及发明的参数估计结果；税收优惠（Tax）对专利、发明、实用新型申请数回归结果的拟合优度均在 30% 之上，税收优惠（Tax）对外观设计的拟合优度低于 11%；整体来看，回归结果说明企业享受的税收优惠对创新均有正向激励作用，企业享受税收优惠最有益于企业发明专利创新。

表 4–12　税收优惠（Tax）对企业创新（专利申请数）的实证结果

	Apply	IApply	DApply	UApply
Tax	0.1218***	0.1581***	0.0897**	0.0544*
	(3.2032)	(4.9037)	(2.0673)	(1.9550)
govgrants	0.0369***	0.0429***	0.0240***	0.0237***
	(7.0390)	(6.5713)	(3.6202)	(5.4157)
控制变量	是	是	是	是
时间	是	是	是	是
行业	是	是	是	是
N	9603	9603	9603	9603
adj.R-sq	0.4346	0.3763	0.3193	0.1037

（4）税收优惠（Tax）对企业创新（专利授权数）的激励效应

本节采用专利、发明、实用新型及外观设计的授权数作为创新的替代变量，采用税收优惠绝对值的对数（Tax）作为税收优惠的替代变量，分别采用 Grant、IGrant、UGrant、DGrant 与 tax 进行回归。此处预期模型（1）的 β_1 显著为正，即享受税收优惠可以激励企业创新。回归的结果见表 4-13。从系数 β_1 来看，各替代变量的参数估计结果均为正，其中发明专利（IGrant）及专利（Grant）的参数估计结果在 1% 的水平上显著为正，实用新型（UGrant）的参数估计结果在 5% 的水平上显著为正，外观设计（DGrant）的参数估计结果在 10% 的水平上显著为正；发明专利（IGrant）的参数估计结果为 0.1192，大于专利（Grant）的参数估计结果 0.1045，实用新型（DApply）的参数估计结果 0.0933 与外观设计（DGrant）的参数估计结果 0.0519，均小于发明（IGrant）与专利（Grant）的参数估计结果；税收优惠（tax）对专利、发明、实用新型授权数回归结果的拟合优度均在 30% 之上，税收优惠（tax）对外观设计的拟合优度低于 10%；整体来看，回归结果说明企业享受的税收优惠对创新均有正向激励作用，企业享受税收优惠最有益于企业发明专利及实用新型专利创新。

表 4-13　税收优惠（Tax）对企业创新（专利授权数）的实证结果

	Grant	IGrant	UGrant	DGrant
Tax	0.1045***	0.1192***	0.0933**	0.0519*
	(2.7403)	(5.0740)	(2.2322)	(1.8944)
govgrants	0.0359***	0.0369***	0.0256***	0.0240***
	(5.9983)	(5.2501)	(3.9347)	(5.0553)
控制变量	是	是	是	是
时间	是	是	是	是
行业	是	是	是	是
N	9603	9603	9603	9603
adj.R-sq	0.4141	0.3375	0.3127	0.0986

（5）小　结

基准回归模型（1）中逐步加入了政府补助、企业盈利能力、企业规模、资产负债率、长期债务比率、企业成立时间、企业价值、现金及股利支付率等控制变量。在不断加入控制变量的过程中,税收优惠(tax)对企业创新(Apply)的回归结果均在1%水平上显著为正,验证了税收优惠对企业创新的激励效应。

此处分别采用专利、发明、实用新型及外观设计的申请数(Apply)及授权数(Grant)作为企业创新的替代变量,采用25%与企业实际税率的差值(tax)及税收优惠绝对值的对数(Tax)作为税收优惠的替代变量,应用模型(1)进行税收优惠对企业创新的实证检验。四个模型的回归实证结果一致,从系数 β_1 来看,各替代变量的参数估计结果均为正,其中发明专利及专利的参数估计结果在1%的水平上显著为正,发明专利与专利的参数估计结果普遍大于实用新型与外观设计的参数估计结果;税收优惠对专利、发明回归结果的拟合优度均在30%之上。整体来看,回归结果说明企业享受的税收优惠对创新均有正向激励作用,企业享受税收优惠最有益于企业发明专利创新。

(三)各会计年度税收优惠对企业创新的激励效应

在企业享受的所有税收优惠政策中,研发费用加计扣除政策是最普遍采用的税收优惠政策,也是最重要的税收优惠政策。研发费用加计扣除政策经历多次修订与完善。1996年,研发费用加计扣除政策以暂行条例形式予以规定,仅适用于国有、集体工业企业,研发费用比上年实际发生额增长达到10%以上(含)的,加计扣除50%;2003年,政策范围扩大到所有财务核算健全、实行查账征收企业所得税的各种所有制工业企业;2006年,研发费用加计扣除政策范围进一步涵盖了财务核算制度健全、实行查账征税的内外资企业、科研机构、大专院校等,同时取消了研发费用增长比例的要求,按实际发生额加计扣除50%,企业年度实际发生的研发费用当年不足抵扣的部分,可在之后五年内企业所得税应纳税所得额中结转抵扣;2008年,《中华人民共和国企业所得税法》的实施在税法上明确规定了研发费用加计扣除政策,研发费用加计扣除政策以法律的形式得以确认,政策逐步变得系统化和体系化,并对政策适用的范围、研发活动的定义、研发费用的归集口径、政策的执行管理等做了明确规定;

2013 年将研发成果鉴定费用、研发人员"五险一金"等均纳入研发加计扣除的范围，研发费用的归集范围拓宽；2015 年，进一步放宽享受优惠的企业研发活动及研发费用的范围，大幅缩小了研发费用加计扣除与高新技术企业认定研发费用归集口径的差异，并首次明确了负面清单制度，除烟草制造业等六个行业外，其他企业均可享受优惠政策，同时允许企业将与研发活动相关支出不超过 10% 的部分也纳入加计扣除的范围；2017 年规定科技型中小企业研发费用 75% 加计扣除比例；2018 年所有企业可享受 75% 加计扣除比例税收优惠。国家不断变更研发费用加计扣除政策，研发费用加计扣除政策范围不断变大，力度不断变强，是为了刺激企业增加研发费用，激励企业创新，提高企业科技实力。研发费用加计扣除政策的不断变更对企业创新是否发挥激励作用，是学界和业界亟待解决的现实问题。验证研发费用加计扣除政策的不断变更对企业创新的激励效应，对于税收政策效果验证及企业科技水平提高都具有一定的现实意义。

本书预期税收优惠政策的不断变更激励了企业创新。此处分别采用专利、发明、实用新型及外观设计的申请数（Apply）及授权数（Grant）作为企业创新的替代变量，采用 25% 与企业实际税率的差值（tax）及税收优惠绝对值的对数（Tax）作为税收优惠的替代变量，将企业享受的税收优惠与企业创新按年度分别进行回归。

（1）各会计年度企业创新（专利申请数）与税收优惠（tax）的实证检验

本节分别采用专利、发明、实用新型及外观设计的申请数（Apply）作为企业创新的替代变量，采用 25% 与企业实际税率的差值（tax）作为税收优惠的替代变量，将企业享受的税收优惠（tax）与企业创新（专利 Apply、发明 IApply、实用新型 UApply、外观设计 DApply）按年度分别进行回归。回归结果见表 4–14。从 2008 年至 2017 年，税收优惠对企业专利、发明、实用新型与外观设计（申请数）各年度的回归系数均为正，验证了税收优惠政策的不断变更对企业创新的激励效应。

2008 年税收优惠对创新（专利）的回归系数为 0.6630，且在 10% 的水平上显著，验证了研发费用加计扣除政策对企业创新的正向激励作用；2009 年至 2011 年回归系数为正，经济意义显著，但统计意义不显著，可能是由于政策效应对于发明专利的激励有一定的滞后性；从 2012 年开始一直到 2017 年，税收优惠对企业创新存在显著的正向激励作用，特别是 2013 年与 2017 年。2013 年税收优惠对创新的回归系数为 1.0533，且在 1% 水平上显著，对应了研发加计扣除范围扩大政策对企业创新的激励效应；2017 年税收优惠对创新的回归系数为 0.5573，且在 10% 的水平上显著，对应了研发加计扣除比例上升至 75% 政策变更对企业创新的激励效应。从 2008 年至 2017 年，税收优惠对企业专利（Apply）各年度回归的拟合优度均在 18% 以上，最高为 2017 年 26.61%。实证结果验证了假设 1。

2008 年税收优惠对创新（发明）的回归系数为 0.4341，且在 10% 的水平上显著，验证了研发费用加计扣除政策对企业创新的正向激励作用；2009 年至 2011 年回归系数为正，经济意义显著，但统计意义不显著，可能是由于政策效应对于发明专利的激励有一定的滞后性；从 2012 年开始一直到 2017 年，税收优惠对企业创新存在显著的正向激励作用，特别是 2013 年与 2017 年。2013 年税收优惠对创新的回归系数为 1.0599，且在 1% 水平上显著，对应了研发加计扣除范围扩大政策对企业创新的激励效应；2017 年税收优惠对创新的回归系数为 1.0456，且在 1% 的水平上显著，对应了研发加计扣除比例上升至 75% 政策变更对企业创新的激励效应。从 2008 年至 2017 年，税收优惠对企业发明专利（IApply）各年度回归的拟合优度均在 20% 以上，最高为 2013 年 27.17%。实证结果验证了假设 1。

各会计年度税收优惠对企业创新（实用新型与外观设计）的回归结果显示，仅在 2012、2013 及 2014 年，税收优惠对实用新型的回归系数显著为正，仅在 2008、2010 及 2012 年，税收优惠对外观设计的回归系数显著为正。从 2008 年至 2017 年，税收优惠对企业实用新型专利（UApply）及外观设计（DApply）各年度回归的拟合优度均在 6% 以上，最高为 2017 年 26.15%。

在 2008 年至 2017 年期间，各会计年度税收优惠（tax）对企业创新（专利

表 4-14　各会计年度企业创新（专利申请数）与税收优惠（tax）的实证结果

	2008	2009	2010	2011	2012	2013	2014	2015	2016	2017
	Apply	Apply	Apply	Apply	Apply	Apply	Apply	Apply	Apply	Apply
tax	0.6630*	0.3710	1.0411	0.6386	1.1645**	1.0533***	0.8550**	0.5906*	0.5920*	0.5573*
	(1.9755)	(0.3673)	(0.8105)	(0.7757)	(2.2640)	(2.9596)	(2.3397)	(1.7324)	(1.9706)	(1.6726)
N	160	248	470	613	1263	1324	1451	1577	1834	1252
adj.R-sq	0.2081	0.2316	0.1885	0.2027	0.2335	0.2324	0.2657	0.2446	0.2525	0.2661
	IApply	IApply	IApply	IApply	IApply	IApply	IApply	IApply	IApply	IApply
tax	0.4341*	0.2799	0.9848	0.5883	1.2969***	1.0599***	0.6619*	0.5084*	0.8902**	1.0456***
	(1.9762)	(−0.3525)	(0.9921)	(0.8186)	(2.7098)	(3.5519)	(1.9800)	(1.9701)	(2.3626)	(3.1322)
adj.R-sq	0.2434	0.2166	0.2545	0.2389	0.2490	0.2717	0.2755	0.2693	0.2658	0.2470
	UApply	UApply	UApply	UApply	UApply	UApply	UApply	UApply	UApply	UApply
tax	0.3987	0.0020	−0.0433	0.2116	1.0765**	1.2697***	0.9985**	0.5490	0.3510	0.3017
	(0.6652)	(0.0026)	(−0.0355)	(0.3307)	(2.2360)	(3.2506)	(2.5358)	(1.3972)	(0.8962)	(0.7414)
adj.R-sq	0.0614	0.2096	0.1752	0.1900	0.2062	0.1939	0.2310	0.1884	0.1931	0.2615
	DApply	DApply	DApply	DApply	DApply	DApply	DApply	DApply	DApply	DApply
tax	1.1938*	0.0594	1.3462*	−0.1192	0.6431*	0.0508	0.1715	0.3900	0.0963	0.1341
	(2.0103)	(0.1152)	(1.9650)	(−0.1698)	(1.9588)	(0.1766)	(0.6344)	(1.5118)	(0.4586)	(0.3650)
adj.R-sq	0.0346	0.1102	0.0585	0.0367	0.0728	0.0746	0.0908	0.0986	0.1068	0.0553

Apply、发明 IApply、实用新型 UApply、外观设计 DApply）的回归结果显示，税收优惠政策的不断变更激励了企业创新，税收优惠对企业创新具有正向激励效应，其中，税收优惠对专利及发明的激励效应显著大于税收优惠对实用新型及外观设计的激励效应。

（2）各会计年度企业创新（专利授权数）与税收优惠（tax）的实证检验

本节分别采用专利、发明、实用新型及外观设计的授权数（Grant）作为企业创新的替代变量，采用 25% 与企业实际税率的差值（tax）作为税收优惠的替代变量，将企业享受的税收优惠与企业创新按年度分别进行回归。

回归结果见表 4-15。税收优惠对专利、发明、实用新型与外观设计各年度的回归系数普遍为正。2008 年税收优惠对创新（专利）的回归系数为 0.5436，且在 10% 的水平上显著，验证了研发费用加计扣除政策对企业创新的正向激励作用；2009 年至 2011 年回归系数为正，经济意义显著，但统计意义不显著，可能是由于政策效应对于发明专利的激励有一定的滞后性；从 2012 年开始一直到 2017 年，税收优惠对企业创新存在显著的正向激励作用，特别是 2013 年与 2017 年。2013 年税收优惠对创新的回归系数为 0.6883，且在 5% 水平上显著，对应了研发加计扣除范围扩大政策对企业创新的激励效应；2017 年税收优惠对创新的回归系数为 0.5699，且在 10% 的水平上显著，对应了研发加计扣除比例上升至 75% 政策变更对企业创新的激励效应。实证结果验证了假设 1。

2008 年税收优惠对创新（发明）的回归系数为 0.5441，且在 10% 的水平上显著，验证了研发费用加计扣除政策对企业创新的正向激励作用；2009 年至 2011 年回归系数为正，经济意义显著，但统计意义不显著，可能是由于政策效应对于发明专利的激励有一定的滞后性；2013 年与 2017 年，税收优惠对企业创新存在显著的正向激励作用。2013 年税收优惠对创新的回归系数为 0.8223，且在 1% 水平上显著，对应了研发加计扣除范围扩大政策对企业创新的激励效应；2017 年税收优惠对创新的回归系数为 0.9218，且在 1% 的水平上显著，对应了研发加计扣除比例上升至 75% 政策变更对企业创新的激励效应。实证结果验证了假设 1。

表4-15 各会计年度企业创新（专利授权数）与税收优惠（tax）的实证结果

	2008	2009	2010	2011	2012	2013	2014	2015	2016	2017
	Grant	Grant	Grant	Grant	Grant	Grant	Grant	Grant	Grant	Grant
tax	0.5436*	0.3793	1.0619	0.6286	0.9585**	0.6883**	0.6873*	0.4768	0.3793	0.5699*
	(2.2234)	(0.5328)	(0.9282)	(0.8716)	(2.1045)	(2.0239)	(1.8569)	(1.3625)	(0.9508)	(1.9685)
N	160	248	470	613	1263	1324	1451	1577	1834	1252
adj.R-sq	0.1025	0.2401	0.1874	0.1919	0.2055	0.2308	0.2524	0.2312	0.2307	0.2542
	IGrant	IGrant	IGrant	IGrant	IGrant	IGrant	IGrant	IGrant	IGrant	IGrant
tax	0.5441*	0.4734	1.0140*	0.3823	0.9471***	0.8223***	0.1592	0.1897	0.6565**	0.9218***
	(1.9835)	(1.3221)	(1.9136)	(0.6775)	(3.0079)	(3.4123)	(0.6490)	(0.8440)	(2.1314)	(3.0135)
adj.R-sq	0.1209	0.2696	0.2180	0.2217	0.2000	0.2496	0.2546	0.2408	0.2460	0.2528
	UGrant	UGrant	UGrant	UGrant	UGrant	UGrant	UGrant	UGrant	UGrant	UGrant
tax	0.9418	-0.1630	0.7405	0.1036	0.9406*	0.9772**	0.9193***	0.5073	0.2823	0.5549
	(1.4502)	(-0.2430)	(0.6195)	(0.1509)	(1.8957)	(2.3582)	(2.2672)	(1.1818)	(0.6270)	(1.5762)
adj.R-sq	0.0529	0.1963	0.1889	0.1748	0.1809	0.2074	0.2154	0.1820	0.1771	0.2348
	DGrant	DGrant	DGrant	DGrant	DGrant	DGrant	DGrant	DGrant	DGrant	DGrant
tax	-0.1636	0.1346	1.0021	0.4291	0.3694	-0.0905	0.1766	0.3534	0.1176	0.1269
	(-0.2794)	(0.2276)	(1.3313)	(0.7547)	(1.2597)	(-0.3118)	(0.7745)	(1.3767)	(0.5012)	(0.3546)
adj.R-sq	0.0168	0.0830	0.0396	0.0542	0.0730	0.0674	0.0839	0.0979	0.0976	0.0621

各会计年度税收优惠对企业创新（实用新型与外观设计）的回归结果显示，仅在2012年、2013年及2014年，税收优惠对实用新型的回归系数显著为正，各年税收优惠对外观设计的回归系数均不显著。

各会计年度税收优惠对企业创新（专利、发明、实用新型、外观设计）的回归结果显示，税收优惠政策的不断变更激励了企业创新，税收优惠对企业创新具有正向激励效应，主要表现为税收优惠对专利及发明的激励效应。

（3）各会计年度企业创新（专利申请数）与税收优惠（Tax）的实证检验

本节分别采用专利、发明、实用新型及外观设计的申请数（Apply）作为企业创新的替代变量，采用税收优惠绝对值的对数（Tax）作为税收优惠的替代变量，将企业享受的税收优惠与企业创新按年度分别进行回归。

回归结果见表4-16。税收优惠对企业专利、发明、实用新型与外观设计（申请数）各年度的回归系数均为正。2008年税收优惠对创新（专利）的回归系数为0.0245，验证了研发费用加计扣除政策对企业创新的正向激励作用；2009年与2011年回归系数为正，经济意义显著，但统计意义不显著，可能是由于政策效应对于发明专利的激励有一定的滞后性；从2012年开始一直到2017年，税收优惠对企业创新存在显著的正向激励作用，特别是2013年与2017年。2013年税收优惠对创新的回归系数为0.1584，且在1%水平上显著，对应了研发加计扣除范围扩大政策对企业创新的激励效应；2017年税收优惠对创新的回归系数为0.2276，且在1%的水平上显著，对应了研发加计扣除比例上升至75%政策变更对企业创新的激励效应。实证结果验证了假设1。

2008年税收优惠对创新（发明）的回归系数为0.1078，验证了研发费用加计扣除政策对企业创新的正向激励作用；2009年回归系数为正，经济意义显著，但统计意义不显著，可能是由于政策效应对于发明专利的激励有一定的滞后性；从2012年开始一直到2017年，税收优惠对企业创新存在显著的正向激励作用，特别是2013年与2017年。2013年税收优惠对创新的回归系数为0.1016，且在5%水平上显著，对应了研发加计扣除范围扩大政策对企业创新的激励效应；2017年税收优惠对创新的回归系数为0.2477，且在1%的水平上显著，对应了

表4-16　各会计年度企业创新（专利申请数）与税收优惠（Tax）的实证结果

	2008	2009	2010	2011	2012	2013	2014	2015	2016	2017
	Apply	Apply	Apply	Apply	Apply	Apply	Apply	Apply	Apply	Apply
Tax	-0.0245	0.2075	0.2325*	0.0213	0.1370**	0.0584	0.1512**	0.1137*	0.0456	0.2276***
	(-0.1660)	(1.0401)	(1.8320)	(0.2993)	(2.1213)	(1.1083)	(2.3968)	(1.8765)	(0.8198)	(2.9728)
N	143	229	441	582	1076	1097	1210	1327	1554	1036
adj.R-sq	0.1255	0.2510	0.1746	0.1878	0.2654	0.2569	0.2688	0.2385	0.2696	0.2660
	IApply	IApply	IApply	IApply	IApply	IApply	IApply	IApply	IApply	IApply
Tax	-0.1078	0.1731	0.2151**	-0.0089	0.1770***	0.1016**	0.1843***	0.1511***	0.1328**	0.2477***
	(-0.7723)	(1.0375)	(2.4387)	(-0.1285)	(2.7553)	(2.5850)	(3.7518)	(2.8244)	(2.5763)	(3.6135)
adj.R-sq	0.1313	0.2257	0.2340	0.2299	0.2872	0.2930	0.2837	0.2698	0.2872	0.2569
	UApply	UApply	UApply	UApply	UApply	UApply	UApply	UApply	UApply	UApply
Tax	0.2666	0.1236	0.1279	0.0391	0.1160	0.0536	0.1033	0.1097*	-0.0053	0.1982**
	(1.4884)	(0.7259)	(0.8663)	(0.4576)	(1.6241)	(0.8528)	(1.4946)	(1.6807)	(-0.0890)	(2.6496)
adj.R-sq	0.0842	0.2207	0.1459	0.1814	0.2253	0.2089	0.2353	0.1825	0.2051	0.2457
	DApply	DApply	DApply	DApply	DApply	DApply	DApply	DApply	DApply	DApply
Tax	0.0605	-0.0697	0.1731***	0.0243	0.0545	0.0319	0.0409	0.0362	0.0029	0.1192**
	(0.4406)	(-0.5696)	(2.8933)	(0.2641)	(0.9504)	(0.7012)	(0.7149)	(1.0361)	(0.0656)	(2.1383)
adj.R-sq	0.0403	0.1269	0.0554	0.0239	0.0784	0.0788	0.0955	0.1012	0.1155	0.0614

研发加计扣除比例上升至75%政策变更对企业创新的激励效应。实证结果验证了假设1。

各会计年度税收优惠对企业创新（实用新型与外观设计）的回归结果显示，仅在2015年及2017年，税收优惠对实用新型的回归系数显著为正，仅在2010年及2017年，税收优惠对外观设计的回归系数显著为正。各会计年度税收优惠对企业创新（专利、发明、实用新型、外观设计）的回归结果显示，税收优惠政策的不断变更激励了企业创新，税收优惠对企业创新具有正向激励效应，其中，税收优惠对专利及发明的激励效应显著大于税收优惠对实用新型及外观设计的激励效应。

（4）各会计年度企业创新（专利授权数）与税收优惠（Tax）的实证检验

本节分别采用专利、发明、实用新型及外观设计的授权数（Grant）作为企业创新的替代变量，采用税收优惠绝对值的对数（Tax）作为税收优惠的替代变量，将企业享受的税收优惠与企业创新按年度分别进行回归。

回归结果见表4-17。税收优惠对专利、发明、实用新型与外观设计各年度的回归系数普遍为正。2008年税收优惠对创新（专利）的回归系数为01591，验证了研发费用加计扣除政策对企业创新的正向激励作用；2009年至2011年回归系数为正，经济意义显著，但统计意义不显著，可能是由于政策效应对于发明专利的激励有一定的滞后性；2012年、2015年及2017年，税收优惠对企业创新存在显著的正向激励作用。2012年税收优惠对创新的回归系数为0.1323，且在5%水平上显著；2015年税收优惠对创新的回归系数为0.1189，且在5%水平上显著；2017年税收优惠对创新的回归系数为0.5699，且在1%的水平上显著，对应了研发加计扣除比例上升至75%政策变更对企业创新的激励效应。实证结果验证了假设1。

2008年税收优惠对创新（发明）的回归系数为0.0310，验证了研发费用加计扣除政策对企业创新的正向激励作用；2009年与2011年回归系数为正，经济意义显著，但统计意义不显著，可能是由于政策效应对于发明专利的激励有一定的滞后性；2014年与2017年，税收优惠对企业创新存在显著的正向激励作用。2015 年税收优惠对创新的回归系数为 0.1428，且在 1% 水平上显著；2017 年税收优惠对创新的回归系数为 0.9218，且在 1% 的水平上显著，对应了研发加计扣除比例上升至 75% 政策变更对企业创新的激励效应。实证结果验证了假设 1。

（5）小　结

在 2008 年至 2017 年期间，税收优惠（tax）对各会计年度企业创新的回归结果与税收优惠（Tax）对各会计年度企业创新的回归结果是一致的。回归结果显示，从 2008 年至 2017 年，税收优惠对企业专利、发明、实用新型与外观设计各年度的回归系数均为正，2008 年、2013 年及 2017 年税收优惠对企业创新的回归系数普遍显著为正，验证了税收优惠政策的不断变更对企业创新的激励效应；企业享受的税收优惠对企业创新均有正向激励作用，企业税率越低，企业创新能力越强；税收优惠对专利及发明的激励效应显著大于税收优惠对实用新型及外观设计的激励效应，税收优惠对企业创新激励效应主要为对发明的激励效应。

（四）不同幅度税收优惠对企业创新的激励效应

此处将样本按税收优惠（tax）二等分为高税率企业与低税率企业。此处分别采用专利、发明、实用新型及外观设计的申请数（Apply）及授权数（Grant）作为企业创新的替代变量，采用 25% 与企业实际税率的差值（tax）及税收优惠绝对值的对数（Tax）作为税收优惠的替代变量，将不同税率企业享受的税收优惠与企业创新分别进行回归。企业创新不仅包含本期创新，还包含长期各期的创新。因篇幅所限，此处采用 T＋0 期至 T＋2 期的创新作为被解释变量，分别与不同税率企业享受的税收优惠进行回归。

表 4-17 各会计年度企业创新（专利授权数）与税收优惠（Tax）的实证结果

	2008	2009	2010	2011	2012	2013	2014	2015	2016	2017
	Grant	Grant	Grant	Grant	Grant	Grant	Grant	Grant	Grant	Grant
Tax	0.1591	0.0641	0.1990	0.0779	0.1323**	0.0102	0.1130	0.1189**	0.0190	0.2272***
	(0.9791)	(0.3836)	(1.3709)	(0.9192)	(2.0869)	(0.1896)	(1.5906)	(2.0129)	(0.3523)	(3.1553)
N	143	229	441	582	1076	1097	1210	1327	1554	1036
adj.R-sq	0.1312	0.2459	0.1784	0.1815	0.2299	0.2478	0.2484	0.2357	0.2523	0.2634
	IGrant	IGrant	IGrant	IGrant	IGrant	IGrant	IGrant	IGrant	IGrant	IGrant
Tax	−0.0310	0.0934	0.1486***	0.0370	0.1264**	0.0295	0.0930**	0.1428***	0.0898**	0.2591***
	(−0.3065)	(1.2645)	(2.9926)	(0.5756)	(2.4697)	(0.6704)	(2.0710)	(3.4790)	(2.2323)	(4.2304)
adj.R-sq	0.1108	0.2620	0.2093	0.2126	0.2266	0.2497	0.2580	0.2499	0.2667	0.2688
	UGrant	UGrant	UGrant	UGrant	UGrant	UGrant	UGrant	UGrant	UGrant	UGrant
Tax	0.3416**	−0.0502	0.1647	0.0570	0.1451**	0.0130	0.1210*	0.1115*	0.0213	0.1787***
	(2.4578)	(−0.3111)	(1.2008)	(0.6225)	(2.0865)	(0.2102)	(1.8088)	(1.7137)	(0.3439)	(2.7913)
adj.R-sq	0.0800	0.2052	0.1691	0.1657	0.2033	0.2237	0.2150	0.1848	0.1957	0.2305
	DGrant	DGrant	DGrant	DGrant	DGrant	DGrant	DGrant	DGrant	DGrant	DGrant
Tax	−0.0049	−0.0023	0.0838	0.1270	0.0144	0.0142	0.0463	0.0376	−0.0069	0.1494***
	(−0.0359)	(−0.0190)	(0.9864)	(1.3154)	(0.2303)	(0.2704)	(0.8644)	(1.0522)	(−0.1435)	(3.1266)
adj.R-sq	0.0462	0.0900	0.0360	0.0474	0.0781	0.0737	0.0837	0.0980	0.1036	0.0709

（1）不同税率企业税收优惠（tax）对创新（专利申请数）的激励效应

本节分别采用专利、发明、实用新型及外观设计的申请数（Apply）作为企业创新的替代变量，采用25%与企业实际税率的差值（tax）作为税收优惠的替代变量，将企业享受的税收优惠（tax）与 T＋0 期至 T＋2 期的不同税率的企业创新（专利 Apply、发明 IApply、实用新型 UApply、外观设计 DApply）分别进行回归。此处预期 β_1 显著为正，即企业享受税收优惠可以激励企业进行长期创新。回归的结果见表 4–18。

税收优惠对低税率企业当期创新（Apply）的回归系数 1.5503 在 1% 的水平上显著，验证了税收优惠对企业创新的正向激励作用；税收优惠对 T＋1 期及 T＋2 期低税率企业创新（Apply）的回归系数均在 1% 水平上显著，验证了税收优惠对低税率企业创新的长期激励作用。从 T＋0 期至 T＋2 期，税收优惠对低税率企业长期创新（Apply）回归结果的拟合优度均在 24% 以上，最高为 24.64%。税收优惠对 T＋0 期至 T＋2 期高税率企业创新（Apply）的回归系数均在 1% 水平上显著为负，说明企业税率越高，企业创新（Apply）产出越少。从 T＋0 期至 T＋2 期，税收优惠对高税率企业长期创新（Apply）回归结果的拟合优度均在 25% 以上。通过综合比较税收优惠对高税率企业创新（Apply）的回归系数与税收优惠对低税率企业创新（Apply）的回归系数，税收优惠对低税率企业创新（Apply）的回归系数均在 1% 水平上显著为正，税收优惠对高税率企业创新（Apply）的回归系数均在 1% 水平上显著为负，说明税收优惠幅度越大，企业创新能力越强，企业税率越高，越不利于企业创新。

税收优惠对低税率企业当期创新（IApply）的回归系数 1.5339 在 1% 的水平上显著，验证了税收优惠对企业创新的正向激励作用；税收优惠对 T＋1 期及 T＋2 期低税率企业创新（IApply）的回归系数均在 1% 水平上显著，验证了税收优惠对低税率企业创新的长期激励作用。从 T＋0 期至 T＋2 期，税收优惠对低税率企业长期创新（IApply）回归结果的拟合优度均在 25% 以上，最高为 26.53%。税收优惠对 T＋0 期至 T＋2 期高税率企业创新（IApply）的回归系数均在 1% 水平上显著为负，说明企业税率越高，企业创新（IApply）产出越少。从 T＋0 期至 T＋2 期，税收优惠对高税率企业长期创新（IApply）回归结果的拟合优度均在 26% 以上。税收优惠对低税率企业创新（IApply）的回归系数均在 1% 水平上显著为正，税收优惠对高税率企业创新（IApply）的回归系数均在 1% 水平上显著为负，说明税收优惠幅度越大，企业创新能力越强，企业税率越高，越不利于企业创新。

税收优惠对 T＋1 期及 T＋2 期低税率企业创新（UApply）的回归系数均在 1% 水平上显著，验证了税收优惠对低税率企业创新的长期激励作用。从 T＋0 期至 T＋2 期，税收优惠对低税率企业长期创新（UApply）回归结果的拟合优度均在 20% 以上，最高为 22.37%。税收优惠对 T＋0 期至 T＋2 期高税率企业创新（UApply）的回归系数均在 1% 水平上显著为负，说明企业税率越高，企业创新（UApply）产出越少。从 T＋0 期至 T＋2 期，税收优惠对高税率企业长期创新（UApply）回归结果的拟合优度均在 22% 以上。税收优惠对低税率企业创新（UApply）的回归系数均在 1% 水平上显著为正，税收优惠对高税率企业创新（UApply）的回归系数均在 1% 水平上显著为负，说明税收优惠幅度越大，企业创新能力越强，企业税率越高，越不利于企业创新。

税收优惠对 T＋1 期及 T＋2 期低税率企业创新（DApply）的回归系数均为正，统计意义不显著，但经济意义显著，验证了税收优惠对低税率企业创新的长期激励作用。从 T＋0 期至 T＋2 期，税收优惠对低税率企业长期创新（DApply）回归结果的拟合优度均在 10% 以下。税收优惠对 T＋0 期至 T＋1 期高税率企业创新（DApply）的回归系数均在 10% 水平上显著为负，说明企业税率越高，企业创新（DApply）产出越少。

整体来看，低税率企业税收优惠对企业创新有显著的激励效应，税率越低，企业创新能力越强。低税率企业当期享受的税收优惠对当期及长期企业创新均有正向激励作用，税收优惠对创新有显著的长期效应。

表 4-18 税收优惠（tax）对企业创新（专利申请数）的实证结果

	低税率			高税率		
	Apply	F.Apply	F2.Apply	Apply	F.Apply	F2.Apply
tax	1.5503***	1.5877***	1.4262***	−2.1813***	−3.0803***	−2.1422***
	(6.2959)	(4.6963)	(3.6305)	(−3.2283)	(−4.2410)	(−2.7137)
N	3338	2074	1593	3363	2243	1713
adj.R-sq	0.2464	0.2417	0.2459	0.2515	0.2854	0.2629
	低税率			高税率		
	IApply	F.IApply	F2.IApply	IApply	F.IApply	F2.IApply
tax	1.5339***	1.5679***	1.5026***	−1.8133***	−2.5790***	−1.6593**
	(5.8371)	(4.0791)	(4.2696)	(−3.2288)	(−4.5115)	(−2.3629)
adj.R-sq	0.2508	0.2653	0.2636	0.2607	0.3031	0.2758
	低税率			高税率		
	UApply	F.UApply	F2.UApply	UApply	F.UApply	F2.UApply
tax	1.3126***	1.4211***	1.4752***	−1.6275***	−2.7223***	−2.4933***
	(4.9591)	(3.8980)	(3.3649)	(−2.8431)	(−3.5804)	(−3.1793)
adj.R-sq	0.2237	0.2131	0.2083	0.2395	0.2487	0.2292
	低税率			高税率		
	DApply	F.DApply	F2.DApply	DApply	F.DApply	F2.DApply
tax	0.2353	0.2293	0.3347	−0.5127*	−0.7771*	−0.6208
	(1.0007)	(0.7817)	(1.0308)	(−1.7214)	(−2.0009)	(−1.3213)
adj.R-sq	0.0487	0.0478	0.0582	0.0988	0.1286	0.1304

注：Apply 表示 T＋0 期的数据，F.Apply 表示 T＋1 期的数据，F2.Apply 表示 T＋2 期的数据，以此类推。

（2）不同税率企业税收优惠（tax）对创新（专利授权数）的激励效应

本节分别采用专利、发明、实用新型及外观设计的授权数（Grant）作为企业创新的替代变量，采用 25% 与企业实际税率的差值（tax）作为税收优惠的替代变量，将企业享受的税收优惠（tax）与 T＋0 期至 T＋2 期的不同税率的企业创新（专利 Grant、发明 IGrant、实用新型 UGrant、外观设计 DGrant）

分别进行回归。此处预期 β_1 显著为正，即企业享受税收优惠可以激励企业进行长期创新。回归的结果见表 4–19。

税收优惠对低税率企业当期创新（Grant）的回归系数 1.0869 在 1% 的水平上显著，验证了税收优惠对企业创新的正向激励作用；税收优惠对 T＋1 期及 T＋2 期低税率企业创新（Grant）的回归系数均在 1% 水平上显著，验证了税收优惠对低税率企业创新的长期激励作用。从 T＋0 期至 T＋2 期，税收优惠对低税率企业长期创新（Grant）回归结果的拟合优度均在 23% 以上，最高为 25.72%。税收优惠对 T＋0 期至 T＋2 期高税率企业创新（Grant）的回归系数均在 1% 水平上显著为负，说明企业税率越高，企业创新（Grant）产出越少。从 T＋0 期至 T＋2 期，税收优惠对高税率企业长期创新（Grant）回归结果的拟合优度均在 26% 以上。通过综合比较税收优惠对高税率企业创新（Grant）的回归系数与税收优惠对低税率企业创新（Grant）的回归系数，税收优惠对低税率企业创新（Grant）的回归系数均在 1% 水平上显著为正，税收优惠对高税率企业创新（Grant）的回归系数均在 1% 水平上显著为负，说明税收优惠幅度越大，企业创新能力越强，企业税率越高，越不利于企业创新。

税收优惠对低税率企业当期创新（IGrant）的回归系数 0.9730 在 1% 的水平上显著，验证了税收优惠对企业创新的正向激励作用；税收优惠对 T＋1 期及 T＋2 期低税率企业创新（IGrant）的回归系数均在 1% 水平上显著，验证了税收优惠对低税率企业创新的长期激励作用。从 T＋0 期至 T＋2 期，税收优惠对低税率企业长期创新（IGrant）回归结果的拟合优度均在 24% 以上，最高为 28.13%。税收优惠对 T＋0 期至 T＋2 期高税率企业创新（IGrant）的回归系数均在 1% 水平上显著为负，说明企业税率越高，企业创新（IGrant）产出越少。从 T＋0 期至 T＋2 期，税收优惠对高税率企业长期创新（IGrant）回归结果的拟合优度均在 27% 以上。税收优惠对低税率企业创新（IGrant）的回归系数均在 1% 水平上显著为正，税收优惠对高税率企业创新（IGrant）的回归系数均在 1% 水平上显著为负，说明税收优惠幅度越大，企业创新能力越强，企业税率越高，越不利于企业创新。

税收优惠对 T ＋ 1 期及 T ＋ 2 期低税率企业创新（UGrant）的回归系数均在 1% 水平上显著，验证了税收优惠对低税率企业创新的长期激励作用。从 T ＋ 0 期至 T ＋ 2 期，税收优惠对低税率企业长期创新（UGrant）回归结果的拟合优度均在 20% 以上，最高为 21.43%。税收优惠对 T ＋ 0 期至 T ＋ 2 期高税率企业创新（UGrant）的回归系数均在 1% 水平上显著为负，说明企业税率越高，企业创新（UGrant）产出越少。从 T ＋ 0 期至 T ＋ 2 期，税收优惠对高税率企业长期创新（UGrant）回归结果的拟合优度均在 22% 以上。税收优惠对低税率企业创新（UGrant）的回归系数均在 1% 水平上显著为正，税收优惠对高税率企业创新（UGrant）的回归系数均在 1% 水平上显著为负，说明税收优惠幅度越大，企业创新能力越强，企业税率越高，越不利于企业创新。

税收优惠对 T ＋ 1 期及 T ＋ 2 期低税率企业创新（DGrant）的回归系数均为正，统计意义不显著，但经济意义显著，验证了税收优惠对低税率企业创新的长期激励作用。从 T ＋ 0 期至 T ＋ 2 期，税收优惠对低税率企业长期创新（DGrant）回归结果的拟合优度均在 10% 以下。税收优惠对 T ＋ 1 期高税率企业创新（DGrant）的回归系数 0.7038 在 10% 水平上显著为负，说明企业税率越高，企业创新（DGrant）产出越少。

整体来看，低税率企业税收优惠对企业创新有显著的激励效应，税率越低，企业创新能力越强。低税率企业当期享受的税收优惠对当期及长期企业创新均有正向激励作用，税收优惠对创新有显著的长期效应。

表 4-19　税收优惠(tax)对企业创新（专利授权数）的实证结果

	低税率			高税率		
	Grant	F.Grant	F2.Grant	Grant	F.Grant	F2.Grant
tax	1.0869***	1.5808***	1.5698***	−1.8913***	−2.7187***	−2.3824***
	(4.2435)	(4.6868)	(4.8483)	(−3.2282)	(−3.8125)	(−2.9242)
N	3338	2074	1593	3363	2243	1713
adj.R-sq	0.2325	0.2572	0.2436	0.2648	0.2780	0.2759

	低税率			高税率		
	IGrant	F.IGrant	F2.IGrant	IGrant	F.IGrant	F2.IGrant
tax	0.9730***	1.0426***	1.2832***	−1.1442***	−1.6220***	−1.5678**
	(3.9412)	(3.1417)	(3.7021)	(−2.9031)	(−3.1266)	(−2.4400)
adj.R-sq	0.2482	0.2813	0.2795	0.2763	0.3005	0.3264

	低税率			高税率		
	UGrant	F.UGrant	F2.UGrant	UGrant	F.UGrant	F2.UGrant
tax	1.1211***	1.5241***	1.4664***	−1.6454***	−2.6043***	−2.4113***
	(3.6965)	(4.1363)	(3.8840)	(−3.0488)	(−3.4510)	(−2.9841)
adj.R-sq	0.2117	0.2143	0.2046	0.2370	0.2481	0.2255

	低税率			高税率		
	DGrant	F.DGrant	F2.DGrant	DGrant	F.DGrant	F2.DGrant
tax	0.0726	0.2380	0.4828	−0.5048	−0.7038*	−0.2596
	(0.3277)	(0.9018)	(1.6672)	(−1.5286)	(−1.7122)	(−0.5670)
adj.R-sq	0.0430	0.0539	0.0511	0.0976	0.1104	0.1213

（3）不同税率企业税收优惠（Tax）对创新（专利申请数）的激励效应

本节分别采用专利、发明、实用新型及外观设计的申请数（Apply）作为企业创新的替代变量，采用税收优惠绝对值对数（Tax）作为税收优惠的替代变量，将企业享受的税收优惠（Tax）与 T＋0 期至 T＋2 期的不同税率的企业创新（专利 Apply、发明 IApply、实用新型 UApply、外观设计 DApply）分别进行回归。此处预期 β_1 显著为正，即企业享受税收优惠可以激励企业进行长期创新。回归的结果见表 4–20。

税收优惠对低税率企业当期创新（Apply）的回归系数 0.1756 在 1% 的水平上显著，验证了税收优惠对企业创新的正向激励作用；税收优惠对 T＋1 期及 T＋2 期低税率企业创新（Apply）的回归系数均在 1% 水平上显著，验证了税收优惠对低税率企业创新的长期激励作用。从 T＋0 期至 T＋2 期，税收优惠对低税率企业长期创新（Apply）回归结果的拟合优度均在 23% 以上，最高为 24.38%。税收优惠对 T＋0 期至 T＋2 期高税率企业创新（Apply）的回归系数均为负，说明企业税率越高，企业创新（Apply）产出越少。从 T＋0

期至 T＋2 期，税收优惠对高税率企业长期创新（Apply）回归结果的拟合优度均在 24% 以上。通过综合比较税收优惠对高税率企业创新（Apply）的回归系数与税收优惠对低税率企业创新（Apply）的回归系数，税收优惠对低税率企业创新（Apply）的回归系数均在 1% 水平上显著为正，税收优惠对高税率企业创新（Apply）的回归系数均为负，说明税收优惠幅度越大，企业创新能力越强，企业税率越高，越不利于企业创新。

税收优惠对低税率企业当期创新（IApply）的回归系数 0.2173 在 1% 的水平上显著，验证了税收优惠对企业创新的正向激励作用；税收优惠对 T＋1 期及 T＋2 期低税率企业创新（IApply）的回归系数均在 1% 水平上显著，验证了税收优惠对低税率企业创新的长期激励作用。从 T＋0 期至 T＋2 期，税收优惠对低税率企业长期创新（IApply）回归结果的拟合优度均在 26% 以上，最高为 27.10%。税收优惠对 T＋0 期至 T＋2 期高税率企业创新（IApply）的回归系数均为负，说明企业税率越高，企业创新（IApply）产出越少。从 T＋0期至 T＋2 期，税收优惠对高税率企业长期创新（IApply）回归结果的拟合优度均在 25% 以上。税收优惠对低税率企业创新（IApply）的回归系数均在 1%水平上显著为正，税收优惠对高税率企业创新（IApply）的回归系数均为负，说明税收优惠幅度越大，企业创新能力越强，企业税率越高，越不利于企业创新。

税收优惠对 T＋0 期低税率企业创新（UApply）的回归系数 0.1257 在5% 水平上显著，税收优惠对 T＋1 期低税率企业创新（UApply）的回归系数0.1204 在 10% 水平上显著，税收优惠对 T＋2 期低税率企业创新（UApply）的回归系数 0.1601 在 1% 水平上显著，验证了税收优惠对低税率企业创新的长期激励作用。从 T＋0 期至 T＋2 期，税收优惠对低税率企业长期创新（UApply）回归结果的拟合优度均在 19% 以上，最高为 20.57%。税收优惠对T＋0 期至 T＋2 期高税率企业创新（UApply）的回归系数均为负，说明企业税率越高，企业创新（UApply）产出越少。从 T＋0 期至 T＋2 期，税收优惠对高税率企业长期创新（UApply）回归结果的拟合优度均在 22% 以上。税收优惠对低税率企业创新（UApply）的回归系数均在 1% 水平上显著为正，税收优惠对高税率企业创新（UApply）的回归系数均为负，说明税收优惠幅度越大，企业创新能力越强，企业税率越高，越不利于企业创新。

税收优惠对 T＋0 期至 T＋2 期低税率企业创新（DApply）的回归系数均为正，统计意义不显著，但经济意义显著，验证了税收优惠对低税率企业创新的长期激励作用。从 T＋0 期至 T＋2 期，税收优惠对低税率企业长期创新（DApply）回归结果的拟合优度均在 10% 以下。税收优惠对 T＋0 期至 T＋2 期高税率企业创新（DApply）的回归系数均为负，说明企业税率越高，企业创新（DApply）产出越少。

整体来看，低税率企业税收优惠对企业创新有显著的激励效应，税率越低，企业创新能力越强。低税率企业当期享受的税收优惠对当期及长期企业创新均有正向激励作用，税收优惠对创新有显著的长期效应。

表 4-20　税收优惠（Tax）对企业创新（专利申请数）的实证结果

	低税率			高税率		
	Apply	F.Apply	F2.Apply	Apply	F.Apply	F2.Apply
Tax	0.1756***	0.1380***	0.1857***	−0.0960	−0.1679	−0.0910
	(4.1862)	(3.1207)	(3.6770)	(−0.8551)	(−1.4958)	(−0.7730)
N	1841	1215	927	3363	2243	1713
adj.R-sq	0.2397	0.2405	0.2438	0.2420	0.2693	0.2544
	低税率			高税率		
	IApply	F.IApply	F2.IApply	IApply	F.IApply	F2.IApply
Tax	0.2173***	0.1443***	0.2032***	−0.0208	−0.0433	0.0008
	(6.8008)	(3.8813)	(4.1304)	(−0.2281)	(−0.4642)	(0.0080)
adj.R-sq	0.2607	0.2710	0.2691	0.2526	0.2895	0.2701
	低税率			高税率		
	UApply	F.UApply	F2.UApply	UApply	F.UApply	F2.UApply
Tax	0.1257**	0.1204*	0.1601***	−0.1750	−0.2521*	−0.1965
	(2.1633)	(1.9266)	(3.0472)	(−1.4562)	(−1.8080)	(−1.3745)
adj.R-sq	0.2057	0.1980	0.1965	0.2359	0.2390	0.2201

续表

	低税率			高税率		
	DApply	F.DApply	F2.DApply	DApply	F.DApply	F2.DApply
Tax	0.0468	0.0143	−0.0062	−0.0242	−0.0306	−0.1015
	(1.1095)	(0.3093)	(−0.1069)	(−0.4133)	(−0.4300)	(−1.2458)
adj.R-sq	0.0492	0.0458	0.0644	0.0979	0.1269	0.1303

（4）不同税率企业税收优惠（Tax）对创新（专利授权数）的激励效应

本节分别采用专利、发明、实用新型及外观设计的授权数（Grant）作为企业创新的替代变量，采用税收优惠绝对值对数（Tax）作为税收优惠的替代变量，将企业享受的税收优惠（Tax）与 T＋0 期至 T＋2 期的不同税率的企业创新（专利 Grant、发明 IGrant、实用新型 UGrant、外观设计 DGrant）分别进行回归。此处预期 β_1 显著为正，即企业享受税收优惠可以激励企业进行长期创新。回归的结果见表 4–21。

税收优惠对低税率企业当期创新（Grant）的回归系数 0.1641 在 1% 的水平上显著，验证了税收优惠对企业创新的正向激励作用；税收优惠对 T＋1 期及 T＋2 期低税率企业创新（Grant）的回归系数均在 1% 水平上显著，验证了税收优惠对低税率企业创新的长期激励作用。从 T＋0 期至 T＋2 期，税收优惠对低税率企业长期创新（Grant）回归结果的拟合优度均在 23% 以上，最高为 25.032%。税收优惠对 T＋0 期至 T＋2 期高税率企业创新（Grant）的回归系数均为负，说明企业税率越高，企业创新（Grant）产出越少。从 T＋0 期至 T＋2 期，税收优惠对高税率企业长期创新（Grant）回归结果的拟合优度均在 25% 以上。通过综合比较税收优惠对高税率企业创新（Grant）的回归系数与税收优惠对低税率企业创新（Grant）的回归系数，税收优惠对低税率企业创新（Grant）的回归系数均在 1% 水平上显著为正，税收优惠对高税率企业创新（Grant）的回归系数均为负，说明税收优惠幅度越大，企业创新能力越强，企业税率越高，越不利于企业创新。

税收优惠对低税率企业当期创新（IGrant）的回归系数 0.1639 在 1% 的水平上显著，验证了税收优惠对企业创新的正向激励作用；税收优惠对 T＋1 期及 T ＋ 2 期低税率企业创新（IGrant）的回归系数均在 1% 水平上显著，验证了税收优惠对低税率企业创新的长期激励作用。从 T ＋ 0 期至 T ＋ 2 期，税收优惠对低税率企业长期创新（IGrant）回归结果的拟合优度均在 26% 以上，最高为 28.65%。税收优惠对 T ＋ 0 期至 T ＋ 2 期高税率企业创新（IGrant）的回归系数均为负，说明企业税率越高，企业创新（IGrant）产出越少。从 T ＋ 0 期至 T ＋ 2 期，税收优惠对高税率企业长期创新（IGrant）回归结果的拟合优度均在 27% 以上。税收优惠对低税率企业创新（IGrant）的回归系数均在 1% 水平上显著为正，税收优惠对高税率企业创新（IGrant）的回归系数均为负，说明税收优惠幅度越大，企业创新能力越强，企业税率越高，越不利于企业创新。

税收优惠对 T ＋ 0 期及 T ＋ 2 期低税率企业创新（UGrant）的回归系数均在 5% 水平上显著，验证了税收优惠对低税率企业创新的长期激励作用。从 T ＋ 0 期至 T ＋ 2 期，税收优惠对低税率企业长期创新（UGrant）回归结果的拟合优度均在 19% 以上，最高为 20.99%。税收优惠对 T ＋ 0 期至 T ＋ 2 期高税率企业创新（UGrant）的回归系数均为负，说明企业税率越高，企业创新（UGrant）产出越少。从 T ＋ 0 期至 T ＋ 2 期，税收优惠对高税率企业长期创新（UGrant）回归结果的拟合优度均在 21% 以上。税收优惠对低税率企业创新（UGrant）的回归系数均在 5% 水平上显著为正，税收优惠对高税率企业创新（UGrant）的回归系数均为负，说明税收优惠幅度越大，企业创新能力越强，企业税率越高，越不利于企业创新。

税收优惠对 T ＋ 0 期至 T ＋ 2 期低税率企业创新（DGrant）的回归系数均为正，统计意义不显著，但经济意义显著，验证了税收优惠对低税率企业创新的长期激励作用。从 T ＋ 0 期至 T ＋ 2 期，税收优惠对低税率企业长期创新（DGrant）回归结果的拟合优度均在 10% 以下。税收优惠对 T ＋ 0 期至 T ＋ 2 期高税率企业创新（DGrant）的回归系数均为负，说明企业税率越高，企业创新（DGrant）产出越少。

　　整体来看，低税率企业税收优惠对企业创新有显著的激励效应，税率越低，企业创新能力越强。低税率企业当期享受的税收优惠对当期及长期企业创新均有正向激励作用，税收优惠对创新有显著的长期效应。

（5）小　结

　　在 T＋0 期至 T＋2 期期间，税收优惠（tax）对不同税率的企业创新的回归结果与税收优惠（Tax）对不同税率的企业创新的回归结果是一致的。回归结果显示，企业享受的税收优惠对当期及长期企业创新均有正向激励作用，企业税率越低，企业创新能力越强。税收优惠对低税率企业的创新有显著的长期效应，其中，税收优惠对专利及发明的激励效应显著大于税收优惠对实用新型及外观设计的激励效应，税收优惠对低税率企业的创新激励效应主要为对发明的激励效应。

表 4-21　税收优惠（Tax）对企业创新（专利授权数）的实证结果

	低税率			高税率		
	Grant	F.Grant	F2.Grant	Grant	F.Grant	F2.Grant
Tax	0.1641***	0.1019**	0.1298***	−0.1581	−0.1871*	−0.1777
	(4.6325)	(2.3508)	(2.9698)	(−1.3344)	(−1.7398)	(−1.6022)
N	1841	1215	927	3363	2243	1713
adj.R-sq	0.2380	0.2503	0.2378	0.2583	0.2654	0.2663
	低税率			高税率		
	IGrant	F.IGrant	F2.IGrant	IGrant	F.IGrant	F2.IGrant
Tax	0.1639***	0.1181***	0.1197***	0.0071	−0.0213	−0.0378
	(6.0126)	(2.9276)	(3.2481)	(0.0833)	(−0.2636)	(−0.3873)
adj.R-sq	0.2665	0.2806	0.2865	0.2719	0.2933	0.3200
	低税率			高税率		
	UGrant	F.UGrant	F2.UGrant	UGrant	F.UGrant	F2.UGrant
Tax	0.1288**	0.0983	0.1281**	−0.1997	−0.2114	−0.2291*
	(2.5703)	(1.6493)	(2.2063)	(−1.6549)	(−1.5792)	(−1.6929)
adj.R-sq	0.2099	0.2023	0.1936	0.2338	0.2383	0.2178

	低税率			高税率		
	DGrant	F.DGrant	F2.DGrant	DGrant	F.DGrant	F2.DGrant
Tax	0.0350	0.0093	0.0154	−0.0182	−0.0847	−0.0860
	(0.9387)	(0.1850)	(0.3194)	(−0.3032)	(−1.1121)	(−1.0590)
adj.R-sq	0.0402	0.0546	0.0510	0.0967	0.1097	0.1219

（五）稳健性检验

本节将样本公司当期实际税率与上期实际税率进行对比，当期实际税率大于上期实际税率的公司归入税负增加企业，当期实际税率小于上期实际税率的公司归入税负减少企业。本节分别采用专利、发明、实用新型及外观设计的申请数（Apply）及授权数（Grant）作为企业创新的替代变量，采用25%与企业实际税率的差值（tax）及税收优惠绝对值的对数（Tax）作为税收优惠的替代变量，将税负增加企业与税负减少企业享受的税收优惠与企业创新分别进行回归。企业创新不仅包含本期创新，还包含长期各期的创新。因篇幅所限，此处采用 T＋0 期至 T＋2 期的创新作为被解释变量，分别与税负变化的企业享受的税收优惠进行回归。

（1）税负变化与税收优惠（tax）的激励效应（专利申请数）

本节分别采用专利、发明、实用新型及外观设计的申请数（Apply）作为企业创新的替代变量，采用25%与企业实际税率的差值（tax）作为税收优惠的替代变量，将税负增加企业与税负减少企业享受的税收优惠（tax）与 T＋0 期至 T＋2 期的企业创新（专利 Apply、发明 IApply、实用新型 UApply、外观设计 DApply）分别进行回归。此处预期 β_1 显著为正，即企业享受税收优惠可以激励企业进行长期创新。回归的结果见表 4–22。

税收优惠对税负减少企业当期创新（Apply）的回归系数 0.8037 在 10% 的水平上显著，验证了税收优惠对企业创新的正向激励作用；税收优惠对 T＋1 期及 T＋2 期税负减少企业创新（Apply）的回归系数均为正，验证了税收优惠对税负减少企业创新的长期激励作用。从 T ＋ 0 期至 T ＋ 2 期，税收优惠对税负减少企业长期创新（Apply）回归结果的拟合优度均在 24% 以上，最高为 27.27%。税收优惠对 T ＋ 0 期税负增加企业创新（Apply）的回归系数 0.7593 在 1% 水平上显著，税收优惠对 T ＋ 1 期税负增加企业创新（Apply）的回归系数 0.7213 在 10% 水平上显著，验证了税收优惠对企业创新的长期激励作用。从 T ＋ 0 期至 T ＋ 2 期，税收优惠对税负增加企业长期创新（Apply）回归结果的拟合优度均在 24% 以上。通过综合比较税收优惠对税负减少企业创新（Apply）的回归系数与税收优惠对税负增加企业创新（Apply）的回归系数，税收优惠对税负减少企业创新（Apply）的回归系数与税收优惠对税负增加企业创新（Apply）的回归系数都普遍为正。由样本描述性统计可知，各个会计年度享受税收优惠的企业数量都在样本总数的 82% 以上，最高高达 94.94%，绝大多数企业都以各种形式享受了税收优惠，说明税收优惠范围之广。享受税收优惠的企业实际税率均值最小为 2008 年的 10.51%，最大为 2011 年的 14.08%，优惠税率均值大大低于企业所得税基准税率 25%，甚至低于高新技术企业优惠税率 15%，说明税收优惠幅度之大。税收优惠对税负增加企业与税负减少企业的回归系数都为正，说明税收优惠对企业创新有长期激励效应，可能原因是享受税收优惠的企业范围较大，企业享受税收优惠的幅度较高，即使是税负增加企业，大部分企业的实际税率仍然低于企业的名义税率 25%，较低的实际税率刺激企业进行长期创新。同时，税收优惠对税负减少企业创新（Apply）的回归系数普遍大于税收优惠对税负增加企业创新（Apply）的回归系数，说明税收优惠对税负减少企业的激励效应强于税负增加企业，进一步验证了税收优惠对企业创新能力的激励效应。

　　税收优惠对税负减少企业当期创新（IApply）的回归系数 1.0851 在 5% 的水平上显著，验证了税收优惠对企业创新的正向激励作用；税收优惠对 T ＋ 1 期及 T ＋ 2 期税负减少企业创新（IApply）的回归系数均在 1% 水平上显著为正，验证了税收优惠对税负减少企业创新的长期激励作用。从 T ＋ 0 期至 T ＋ 2 期，税收优惠对税负减少企业长期创新（IApply）回归结果的拟合优度均在 24%

以上，最高为29.44%。税收优惠对 T＋0 期税负增加企业创新（IApply）的回归系数 0.8490 在 1% 水平上显著，税收优惠对 T＋1 期税负增加企业创新（IApply）的回归系数 0.8321 在 5% 水平上显著，验证了税收优惠对企业创新的长期激励作用。从 T＋0 期至 T＋2 期，税收优惠对税负增加企业长期创新（IApply）回归结果的拟合优度均在 25% 以上。通过综合比较税收优惠对税负减少企业创新（IApply）的回归系数与税收优惠对税负增加企业创新（IApply）的回归系数，税收优惠对税负减少企业创新（IApply）的回归系数与税收优惠对税负增加企业创新（IApply）的回归系数都普遍为正，说明税收优惠对企业创新有长期激励效应。税收优惠对税负减少企业创新（IApply）的回归系数普遍大于税收优惠对税负增加企业创新（IApply）的回归系数，说明税收优惠对税负减少企业的激励效应强于税负增加企业。税收优惠对企业创新（IApply）的回归系数普遍大于税收优惠对企业创新（Apply）的回归系数，说明税收优惠对税负减少企业的激励效应主要表现为对发明专利的激励效应。

税收优惠对税负减少企业当期创新（UApply）的回归系数 0.8037 在 10% 的水平上显著，验证了税收优惠对企业创新的正向激励作用；税收优惠对 T＋1 期及 T＋2 期税负减少企业创新（UApply）的回归系数均为正，验证了税收优惠对税负减少企业创新的长期激励作用。从 T＋0 期至 T＋2 期，税收优惠对税负减少企业长期创新（UApply）回归结果的拟合优度均在 24% 以上，最高为 27.27%。税收优惠对 T＋0 期税负增加企业创新（UApply）的回归系数 0.6761 在 5% 水平上显著，税收优惠对 T＋2 期税负增加企业创新（UApply）的回归系数 0.7358 在 5% 水平上显著，验证了税收优惠对企业创新的长期激励作用。从 T＋0 期至 T＋2 期，税收优惠对税负增加企业长期创新（UApply）回归结果的拟合优度均在 21% 以上。税收优惠对税负减少企业创新（UApply）的回归系数与税收优惠对税负增加企业创新（UApply）的回归系数都普遍为正，说明税收优惠对企业创新有长期激励效应。税收优惠对税负减少企业创新（UApply）的回归系数普遍大于税收优惠对税负增加企业创新（UApply）的回归系数，说明税收优惠对税负减少企业的激励效应强于税负增加企业。税收优惠对企业创新（UApply）的回归系数普遍低于税收优惠对企业创新（IApply）的回归系数，说明税收优惠对税负减少企业的激励效应主要表现为对发明专利的激励效应。

整体来看，企业实际税率越低，享受税收优惠幅度越大，越有利于企业创新，税收优惠对创新有显著的长期效应。税负减少企业税收优惠对创新有显著的激励效应，激励强度明显强于税负增加企业。税负减少企业当期享受的税收优惠对当期及长期企业创新均有正向激励作用，税负减少企业税收优惠对创新的激励效应主要表现为对发明创新（IApply）的激励效应。

表 4-22　税负变化与税收优惠（tax）的激励效应（专利申请数）

	税负增加			税负减少		
	Apply	F.Apply	F2.Apply	Apply	F.Apply	F2.Apply
tax	0.7593***	0.7213*	0.7358**	0.8037*	0.8565	0.7402
	(2.7335)	(1.8948)	(2.1399)	(1.7784)	(1.1149)	(0.9176)
N	6870	4586	3608	3302	2242	1660
adj.R-sq	0.2443	0.2498	0.2543	0.2418	0.2727	0.2564
	IApply	F.IApply	F2.IApply	IApply	F.IApply	F2.IApply
tax	0.8490***	0.8321**	0.9236***	1.0851**	0.9822**	0.7553*
	(3.4348)	(2.6284)	(2.8164)	(2.5415)	(2.1917)	(1.7653)
adj.R-sq	0.2534	0.2721	0.2738	0.2484	0.2944	0.2729
	UApply	F.UApply	F2.Apply	UApply	F.UApply	F2.UApply
tax	0.6761**	0.6698	0.7358**	0.8037*	0.5565	0.5402
	(2.2734)	(1.6343)	(2.1399)	(1.7784)	(1.1149)	(0.9176)
adj.R-sq	0.2181	0.2162	0.2543	0.2418	0.2727	0.2564
	DApply	F.DApply	F2.DApply	DApply	F.DApply	F2.DApply
tax	0.2370	0.0983	0.4357	0.4379	0.1744	0.1020
	(1.2289)	(0.3732)	(1.5343)	(1.3960)	(0.5231)	(0.2477)
adj.R-sq	0.0706	0.0804	0.0899	0.0769	0.1023	0.1028

（2）税负变化与税收优惠（tax）的激励效应（专利授权数）

本节分别采用专利、发明、实用新型及外观设计的授权数（Grant）作为企业创新的替代变量，采用 25% 与企业实际税率的差值（tax）作为税收优惠的替代变量，将税负增加企业与税负减少企业享受的税收优惠（tax）与 T + 0 期至 T + 2 期的企业创新（专利 Grant、发明 IGrant、实用新型 UGrant、外观设计 DGrant）分别进行回归。此处预期 β_1 显著为正，即企业享受税收优惠可以激励企业进行长期创新。回归的结果见表 4–23。

税收优惠对税负减少企业 T + 0 期至 T + 2 期创新（Grant）的回归系数均为正，统计意义不显著，但经济意义显著，验证了税收优惠对企业创新的正向激励作用。从 T + 0 期至 T + 2 期，税收优惠对税负减少企业长期创新（Grant）回归结果的拟合优度均在 25% 以上。税收优惠对 T + 0 期至 T + 1 期税负增加企业创新（Grant）的回归系数均在 10% 水平上显著，税收优惠对 T + 2 期税负增加企业创新（Grant）的回归系数 0.8113 在 5% 水平上显著，验证了税收优惠对企业创新的长期激励作用。从 T + 0 期至 T + 2 期，税收优惠对税负增加企业长期创新（Grant）回归结果的拟合优度均在 23% 以上。通过综合比较税收优惠对税负减少企业创新（Grant）的回归系数与税收优惠对税负增加企业创新（Grant）的回归系数，税收优惠对税负减少企业创新（Grant）的回归系数与税收优惠对税负增加企业创新（Grant）的回归系数都普遍为正，说明税收优惠对企业创新有长期激励效应，可能原因是享受税收优惠的企业范围较大，企业享受税收优惠的幅度较高，即使是税负增加企业，大部分企业的实际税率仍然低于企业的名义税率 25%，较低的实际税率刺激企业进行长期创新。

税收优惠对税负减少企业当期创新（IGrant）的回归系数 0.7491 在 10% 的水平上显著，验证了税收优惠对企业创新的正向激励作用；税收优惠对 T + 1 期税负减少企业创新（IGrant）的回归系数 1.0602 在 1% 水平上显著，验证了税收优惠对税负减少企业创新的长期激励作用。从 T + 0 期至 T + 2 期，税收优惠对税负减少企业长期创新（IGrant）回归结果的拟合优度均在 26% 以上，最高为 30.09%。税收优惠对 T + 0 期税负增加企业创新（IGrant）的回归系数 0.5963 在 1% 水平上显著，税收优惠对 T + 2 期税负增加企业创新（IGrant）

的回归系数 0.7201 在 1% 水平上显著，验证了税收优惠对企业创新的长期激励作用。从 T ＋ 0 期至 T ＋ 2 期，税收优惠对税负增加企业长期创新（IGrant）回归结果的拟合优度均在 25% 以上。通过综合比较税收优惠对税负减少企业创新（IGrant）的回归系数与税收优惠对税负增加企业创新（IGrant）的回归系数，税收优惠对税负减少企业创新（IGrant）的回归系数与税收优惠对税负增加企业创新（IGrant）的回归系数都普遍为正，说明税收优惠对企业创新有长期激励效应。税收优惠对税负减少企业创新（IGrant）的回归系数普遍大于税收优惠对税负增加企业创新（IGrant）的回归系数，说明税收优惠对税负减少企业的激励效应强于税负增加企业。税收优惠对企业创新（IGrant）的回归系数普遍大于税收优惠对企业创新（Grant）的回归系数，说明税收优惠对税负减少企业的激励效应主要表现为对发明专利的激励效应。

税收优惠对税负减少企业当期创新（UGrant）的回归系数 0.8680 在 10% 的水平上显著，验证了税收优惠对企业创新的正向激励作用；税收优惠对 T ＋ 1 期及 T ＋ 2 期税负减少企业创新（UGrant）的回归系数均为正，验证了税收优惠对税负减少企业创新的长期激励作用。从 T ＋ 0 期至 T ＋ 2 期，税收优惠对税负减少企业长期创新（UGrant）回归结果的拟合优度均在 19% 以上，最高为 21.63%。税收优惠对 T ＋ 0 期税负增加企业创新（UGrant）的回归系数 0.5863 在 10% 水平上显著，税收优惠对 T ＋ 1 期税负增加企业创新（UGrant）的回归系数 0.7331 在 10% 水平上显著，验证了税收优惠对企业创新的长期激励作用。从 T ＋ 0 期至 T ＋ 2 期，税收优惠对税负增加企业长期创新（UGrant）回归结果的拟合优度均在 20% 以上。税收优惠对税负减少企业创新（UGrant）的回归系数与税收优惠对税负增加企业创新（UGrant）的回归系数都普遍为正，说明税收优惠对企业创新有长期激励效应。税收优惠对税负减少企业创新（UGrant）的回归系数普遍大于税收优惠对税负增加企业创新（UGrant）的回归系数，说明税收优惠对税负减少企业的激励效应强于税负增加企业。税收优惠对企业创新（UGrant）的回归系数普遍低于于税收优惠对企业创新（IGrant）的回归系数，说明税收优惠对税负减少企业的激励效应主要表现为对发明专利的激励效应。

　　整体来说，税负减少企业税收优惠对创新有显著的激励效应，激励强度明显强于税负增加企业。税负减少企业当期享受的税收优惠对当期及长期企业创新均有正向激励作用，税负减少企业税收优惠对创新的激励效应主要表现为对发明创新（IGrant）的激励效应。

表4-23　税负变化与税收优惠（tax）的激励效应（专利授权数）

	税负增加			税负减少		
	Grant	F.Grant	F2.Grant	Grant	F.Grant	F2.Grant
tax	0.5544*	0.6395*	0.8113**	0.7415	0.2403	0.3810
	(1.9813)	(1.7564)	(2.3278)	(1.6486)	(0.4790)	(0.6702)
N	6870	4586	3608	3302	2242	1660
adj.R-sq	0.2368	0.2593	0.2488	0.2527	0.2589	0.2564
	IGrant	F.IGrant	F2.IGrant	IGrant	F.IGrant	F2.IGrant
tax	0.5963***	0.4006	0.7201***	0.7491*	1.0602**	0.6177
	(3.7879)	(1.5782)	(2.8562)	(1.9909)	(2.5309)	(1.4229)
adj.R-sq	0.2579	0.2863	0.2989	0.2670	0.3009	0.2914
	UGrant	F.UGrant	F2.UGrant	UGrant	F.UGrant	F2.UGrant
tax	0.5863*	0.7331*	0.7646**	0.8680*	0.1033	0.3989
	(1.7692)	(1.8079)	(2.0428)	(1.8666)	(0.1596)	(0.5604)
adj.R-sq	0.2056	0.2241	0.2020	0.2163	0.2010	0.1953
	DGrant	F.DGrant	F2.DGrant	DGrant	F.DGrant	F2.DGrant
tax	0.1428	0.2786	0.5469*	0.4780	0.2081	0.1485
	(0.7511)	(1.2070)	(1.7830)	(1.5442)	(0.5614)	(0.4057)
adj.R-sq	0.0649	0.0820	0.0799	0.0735	0.0915	0.0985

　　（3）税负变化与税收优惠（Tax）的激励效应（专利申请数）

　　本节分别采用专利、发明、实用新型及外观设计的申请数（Apply）作为企业创新的替代变量，采用税收优惠绝对值对数（Tax）作为税收优惠的替代变量，将税负增加企业与税负减少企业享受的税收优惠（Tax）与 T＋0 期至 T＋2 期的企业创新（专利 Apply、发明 IApply、实用新型 UApply、外观设计

DApply）分别进行回归。此处预期 β_1 显著为正，即企业享受税收优惠可以激励企业进行长期创新。回归的结果见表4-24。

税收优惠对税负减少企业当期创新（Apply）的回归系数0.2019在1%的水平上显著，验证了税收优惠对企业创新的正向激励作用；税收优惠对T＋1期及T＋2期税负减少企业创新（Apply）的回归系数均在5水平上显著为正，验证了税收优惠对税负减少企业创新的长期激励作用。从T＋0期至T＋2期，税收优惠对税负减少企业长期创新（Apply）回归结果的拟合优度均在25%以上，最高为28.24%。税收优惠对T＋0期税负增加企业创新（Apply）的回归系数0.1119在1%水平上显著，税收优惠对T＋1期至T＋2期税负增加企业创新（Apply）的回归系数均在5%水平上显著，验证了税收优惠对企业创新的长期激励作用。从T＋0期至T＋2期，税收优惠对税负增加企业长期创新（Apply）回归结果的拟合优度均在25%以上。通过综合比较税收优惠对税负减少企业创新（Apply）的回归系数与税收优惠对税负增加企业创新（Apply）的回归系数，税收优惠对税负增加企业与税负减少企业的回归系数都显著为正，说明税收优惠对企业创新有长期激励效应，可能原因是享受税收优惠的企业范围较大，企业享受税收优惠的幅度较高，即使是税负增加企业，大部分企业的实际税率仍然低于企业的名义税率25%，较低的实际税率刺激企业进行长期创新。同时，税收优惠对税负减少企业创新（Apply）的回归系数普遍大于税收优惠对税负增加企业创新（Apply）的回归系数，说明税收优惠对税负减少企业的激励效应强于税负增加企业，进一步验证了税收优惠对企业创新能力的激励效应。

税收优惠对税负减少企业T＋0期至T＋2期创新（IApply）的回归系数均在1%的水平上显著为正，验证了税收优惠对企业创新的长期激励作用；从T＋0期至T＋2期，税收优惠对税负减少企业长期创新（IApply）回归结果的拟合优度均在26%以上，最高为30.87%。税收优惠对T＋0期至T＋2期税负增加企业创新（IApply）的回归系数均在1%水平上显著为正，验证了税收优惠对企业创新的长期激励作用。从T＋0期至T＋2期，税收优惠对税负增加企业长期创新（IApply）回归结果的拟合优度均在 27% 以上。通过综合比较税收优惠对税负减少企业创新（IApply）的回归系数与税收优惠对税负增加企业创新（IApply）的回归系数，税收优惠对税负减少企业创新（IApply）的回归系数与税收优惠对税负增加企业创新（IApply）的回归系数都普遍为正，说明税收优惠对企业创新有长期激励效应。税收优惠对税负减少企业创新（IApply）的回归系数普遍大于税收优惠对税负增加企业创新（IApply）的回归系数，说明税收优惠对税负减少企业的激励效应强于税负增加企业。税收优惠对企业创新（IApply）的回归系数普遍大于税收优惠对企业创新（Apply）的回归系数，说明税收优惠对税负减少企业的激励效应主要表现为对发明专利的激励效应。

税收优惠对税负减少企业 T＋0 期至 T＋2 期期创新（UApply）的回归系数均显著为正，验证了税收优惠对税负减少企业创新的长期激励作用。从 T＋0 期至 T＋2 期，税收优惠对税负减少企业长期创新（UApply）回归结果的拟合优度均在 25% 以上，最高为 28.27%。税收优惠对 T＋0 期税负增加企业创新（UApply）的回归系数 0.0758 在 10% 水平上显著，税收优惠对 T＋2 期税负增加企业创新（UApply）的回归系数 0.1459 在 1% 水平上显著，验证了税收优惠对企业创新的长期激励作用。从 T＋0 期至 T＋2 期，税收优惠对税负增加企业长期创新（UApply）回归结果的拟合优度均在 22% 以上。税收优惠对税负减少企业创新（UApply）的回归系数与税收优惠对税负增加企业创新（UApply）的回归系数都普遍为正，说明税收优惠对企业创新有长期激励效应。税收优惠对税负减少企业创新（UApply）的回归系数普遍大于税收优惠对税负增加企业创新（UApply）的回归系数，说明税收优惠对税负减少企业的激励效应强于税负增加企业。税收优惠对企业创新（UApply）的回归系数普遍低于税收优惠对企业创新（IApply）的回归系数，说明税收优惠对税负减少企业的激励效应主要表现为对发明专利的激励效应。

整体来看，税负减少企业税收优惠对创新有显著的激励效应，激励强度明显强于税负增加企业。税负减少企业当期享受的税收优惠对当期及长期企业创新均有正向激励作用，税负减少企业税收优惠对创新的激励效应主要表现为对发明创新（IApply）的激励效应。

表 4-24　税负变化与税收优惠（Tax）的激励效应（专利申请数）

	税负增加			税负减少		
	Apply	F.Apply	F2.Apply	Apply	F.Apply	F2.Apply
Tax	0.1119***	0.1159**	0.1459***	0.2019***	0.1588**	0.1794***
	(2.8172)	(2.6335)	(3.0072)	(2.7250)	(2.1588)	(2.9997)
N	5605	3858	3042	3074	2114	1561
adj.R-sq	0.2576	0.2682	0.2666	0.2517	0.2824	0.2665
	IApply	F.IApply	F2.IApply	IApply	F.IApply	F2.IApply
Tax	0.1469***	0.1259***	0.1596***	0.2696***	0.2338***	0.2380***
	(4.4701)	(3.3637)	(3.9030)	(4.5194)	(4.5704)	(4.0619)
adj.R-sq	0.2740	0.2926	0.2901	0.2639	0.3087	0.2844
	UApply	F.UApply	F2.Apply	Apply	F.Apply	F2.Apply
Tax	0.0758*	0.0862	0.1459***	0.2019***	0.1588**	0.1794***
	(1.7032)	(1.6450)	(3.0072)	(2.7250)	(2.1588)	(2.9997)
adj.R-sq	0.2237	0.2263	0.2666	0.2517	0.2824	0.2665
	DApply	F.DApply	F2.DApply	DApply	F.DApply	F2.DApply
Tax	0.0617**	0.0349	0.0358	0.0595	0.0690	0.0966*
	(2.0861)	(1.0766)	(0.7738)	(1.1886)	(1.1924)	(1.7044)
adj.R-sq	0.0780	0.0886	0.0928	0.0792	0.1027	0.1115

（4）税负变化与税收优惠（Tax）的激励效应（专利授权数）

本节分别采用专利、发明、实用新型及外观设计的授权数（Grant）作为企业创新的替代变量，采用税收优惠绝对值对数（Tax）作为税收优惠的替代变量，将税负增加企业与税负减少企业享受的税收优惠（Tax）与 T＋0 期至 T＋2 期的企业创新（专利 Grant、发明 IGrant、实用新型 UGrant、外观设计 DGrant）分别进行回归。此处预期 β_1 显著为正，即企业享受税收优惠可以激励企业进行长期创新。回归的结果见表 4-25。

税收优惠对税负减少企业 T＋0 期及 T＋2 期创新（Grant）的回归系数

均在 10% 水平上显著为正，验证了税收优惠对企业创新的正向激励作用。从 T ＋ 0 期至 T ＋ 2 期，税收优惠对税负减少企业长期创新（Grant）回归结果的拟合优度均在 24% 以上。税收优惠对 T ＋ 0 期至 T ＋ 1 期税负增加企业 T ＋ 0 期及 T ＋ 2 期创新（Grant）的回归系数均在 5% 水平上显著，验证了税收优惠对企业创新的长期激励作用。从 T ＋ 0 期至 T ＋ 2 期，税收优惠对税负增加企业长期创新（Grant）回归结果的拟合优度均在 24% 以上。通过综合比较税收优惠对税负减少企业创新（Grant）的回归系数与税收优惠对税负增加企业创新（Grant）的回归系数，税收优惠对税负减少企业创新（Grant）的回归系数与税收优惠对税负增加企业创新（Grant）的回归系数都普遍为正，说明税收优惠对企业创新有长期激励效应；税收优惠对税负减少企业创新（Grant）的回归系数普遍大于税收优惠对税负增加企业创新（Grant）的回归系数，说明税负减少能够有效激励企业长期创新。

税收优惠对税负减少企业当期创新（IGrant）的回归系数 0.1822 在 1% 的水平上显著，验证了税收优惠对企业创新的正向激励作用；税收优惠对 T ＋ 1 期及 T ＋ 2 期税负减少企业创新（IGrant）的回归系数均在 1% 水平上显著，验证了税收优惠对税负减少企业创新的长期激励作用。从 T ＋ 0 期至 T ＋ 2 期，税收优惠对税负减少企业长期创新（IGrant）回归结果的拟合优度均在 27% 以上，最高为 30.85%。税收优惠对 T ＋ 0 期税负增加企业创新（IGrant）的回归系数 0.1177 在 1% 水平上显著，税收优惠对 T ＋ 1 期税负增加企业创新（IGrant）的回归系数 0.0767 在 5% 水平上显著，验证了税收优惠对企业创新的长期激励作用。从 T ＋ 0 期至 T ＋ 2 期，税收优惠对税负增加企业长期创新（IGrant）回归结果的拟合优度均在 27% 以上。通过综合比较税收优惠对税负减少企业创新（IGrant）的回归系数与税收优惠对税负增加企业创新（IGrant）的回归系数，税收优惠对税负减少企业创新（IGrant）的回归系数与税收优惠对税负增加企业创新（IGrant）的回归系数都显著为正，说明税收优惠对企业创新有长期激励效应。税收优惠对税负减少企业创新（IGrant）的回归系数普遍大于税收优惠对税负增加企业创新（IGrant）的回归系数，说明税收优惠对税负减少企业的激励效应强于税负增加企业。税收优惠对企业创新（IGrant）的回归系数普遍大于税收优惠对企业创新（Grant）的回归系数，说明税收优惠对税负减少企业的激励效应主要表现为对发明专利的激励效应。

税收优惠对税负减少企业当期创新（UGrant）的回归系数 0.1837 在 10% 的水平上显著，验证了税收优惠对企业创新的正向激励作用；税收优惠对 T＋1 期及 T＋2 期税负减少企业创新（UGrant）的回归系数均为正，验证了税收优惠对税负减少企业创新的长期激励作用。从 T＋0 期至 T＋2 期，税收优惠对税负减少企业长期创新（UGrant）回归结果的拟合优度均在 19% 以上，最高为 22.35%。税收优惠对 T＋0 期税负增加企业创新（UGrant）的回归系数 0.0767 在 10% 水平上显著，税收优惠对 T＋2 期税负增加企业创新（UGrant）的回归系数 0.0905 在 10% 水平上显著，验证了税收优惠对企业创新的长期激励作用。从 T＋0 期至 T＋2 期，税收优惠对税负增加企业长期创新（UGrant）回归结果的拟合优度均在 20% 以上。税收优惠对税负减少企业创新（UGrant）的回归系数与税收优惠对税负增加企业创新（UGrant）的回归系数都普遍为正，说明税收优惠对企业创新有长期激励效应。税收优惠对税负减少企业创新（UGrant）的回归系数普遍大于税收优惠对税负增加企业创新（UGrant）的回归系数，说明税收优惠对税负减少企业的激励效应强于税负增加企业。税收优惠对企业创新（UGrant）的回归系数普遍低于于税收优惠对企业创新（IGrant）的回归系数，说明税收优惠对税负减少企业的激励效应主要表现为对发明专利的激励效应。

整体来说，税负减少企业税收优惠对创新有显著的激励效应，激励强度明显强于税负增加企业。税负减少企业当期享受的税收优惠对当期及长期企业创新均有正向激励作用，税负减少企业税收优惠对创新的激励效应主要表现为对发明创新（IGrant）的激励效应。

表 4-25　税负变化与税收优惠（Tax）的激励效应（专利授权数）

	税负增加			税负减少		
	Grant	F.Grant	F2.Grant	Grant	F.Grant	F2.Grant
Tax	0.1010**	0.0708	0.0934**	0.1520**	0.0803	0.1079*
	(2.5268)	(1.5082)	(2.0729)	(2.1328)	(1.1431)	(1.7179)
N	5605	3858	3042	3074	2114	1561
adj.R-sq	0.2490	0.2722	0.2605	0.2636	0.2633	0.2656
	IGrant	F.IGrant	F2.IGrant	IGrant	F.IGrant	F2.IGrant
Tax	0.1177***	0.0767**	0.0668*	0.1822***	0.1544***	0.1430***
	(4.5464)	(2.5444)	(1.9754)	(4.3201)	(3.6006)	(2.6884)
adj.R-sq	0.2770	0.2968	0.3124	0.2783	0.3082	0.3045
	UGrant	F.UGrant	F2.UGrant	UGrant	F.UGrant	F2.UGrant
Tax	0.0767*	0.0718	0.0905*	0.1837**	0.0898	0.1255
	(1.7758)	(1.3517)	(1.9258)	(2.3149)	(1.0400)	(1.4151)
adj.R-sq	0.2136	0.2363	0.2090	0.2235	0.2023	0.1994
	DGrant	F.DGrant	F2.DGrant	DGrant	F.DGrant	F2.DGrant
Tax	0.0596**	0.0488	0.0386	0.0554	0.0339	0.1068*
	(2.1161)	(1.4873)	(0.8541)	(1.0498)	(0.5380)	(1.9249)
adj.R-sq	0.0715	0.0890	0.0806	0.0748	0.0921	0.1097

（5）小　结

在 T + 0 期至 T + 2 期期间，税收优惠（tax）对税负不同的企业创新的回归结果与税收优惠（Tax）对税负不同的企业创新的回归结果是一致的。结果显示，企业享受的税收优惠对当期及长期企业创新均有正向激励作用，税负减少企业税收优惠的激励效应显著高于税负增加企业。税收优惠对税负减少企业的创新有显著的长期效应，其中，税收优惠对专利及发明的激励效应显著大于税收优惠对实用新型及外观设计的激励效应，税负减少企业税收优惠对企业创新的激励效应主要表现为对专利创新的激励效应。

第五章　税收优惠与企业长期创新的实证检验

本章采用 2008—2017 年沪深 A 股上市公司为研究样本，以 T＋0 期至 T＋5 期的发明、实用新型、外观设计作为被解释变量作为创新的替代变量，通过固定效应模型检验了税收优惠对企业 T＋0 期至 T＋5 期创新的激励效应及持续性税收优惠对企业创新的激励效应，比较了税收优惠对企业发明、实用新型、外观设计等不同创新产出的激励程度，得出了税收优惠能够显著激励企业发明专利创新的结论。研究结论为优化税收优惠政策提供了经验支持，有助于进一步改善税收政策效应。

一、研究假设

税收激励可以促进企业的长期创新，原因主要有三个。首先，创新研发需要时间，可能需要多年时间才能完成（Griliches，1998）。税收优惠对创新的激励效应主要通过鼓励企业增加研发，但从研发成本到专利申请需要很长时间。税收激励对创新的作用本身就存在一定的滞后性。税收激励对创新的影响是长期的（Atanassov 和 Liu，2019）。其次，税收优惠属于事后激励。企业当年享受税收优惠，不论是 15% 的税率式优惠、研发加计扣除政策，还是技术转让税收减免政策，税收优惠都是通过减免企业当期应交税费发挥作用的。对于企业当期创新，税收优惠仅发挥了信号传递机制的作用。对企业长期创新来说，税收优惠通过减免当期税收，增加了企业长期自有资金，为企业创新提供一定保障。企业接受了税收优惠"信号",意味着当期研发投入,年末就可以享受税收减免,未来创新成果转让,还可以再次享受税收减免。创新行为既有利于企业长期发展,又可以多次减免企业税费,对于企业有较大的吸引力。我们需要注意的一点是,税收优惠可以减少企业现金支出,有助于企业长期创新,但税收优惠减免的现金支出是有限的,对长期创新的影响不会持续很久(Lemensetal,2011),而税收优惠为企业吸引的外部投资对长期创新可以产生长期影响。最后,税收激励的强度可以有效降低企业与潜在投资者之间的信息不对称,引入外部融资促进企业的长期创新。超过80%的中国企业享受不同程度的税收优惠。企业享受税收优惠政策的强度,向企业、银行、风险投资家和其他潜在投资者发出了一个信号,即企业受政府大力支持,值得投资。信号的强度取决于企业享受税收优惠的强度。公司享受的税收优惠越多,它向外部资金发出的信号就越强。政府和企业之间的良好关系对企业来说是可持续的,可以促进企业的长期创新。据此,提出以下假设。

假设税收优惠对创新具有长期激励效应。

二、样本选择

此处选取2008—2017年沪深A股上市公司为研究样本。样本始于2008年是由于2008年新《中华人民共和国企业所得税法》实施,企业所得税基准税率由33%变更为25%,研发费用加计扣除政策在法律上得以明确规定;样本截止于2017年是由于上市公司专利数据的统计截止到2017年。此处数据来自CSMAR数据库。初始样本观测数为11 312个,剔除非标准审计意见的观测值75个,剔除退市的观测值39个,剔除净利润小于0的观测值543个,剔除金融行业的观测值279个,剔除总负债小于长期负债的观测值84个,剔除缺失值98个,最终得到样本10 194个。此处对相关连续变量进行了上下1%的Winsorize处理。

三、变量定义

被解释变量：创新。企业创新的衡量方法有很多种，主要分为创新投入与创新产出。创新投入大多采用研发投入占销售收入的比例和研发人员占比，创新产出有专利申请数与授权数，其中专利又可以分为发明专利，外观设计和实用新型专利。此处采用企业专利的申请数与授权数作为创新的替代变量。各变量的具体计算方法为上市公司专利申请数或专利授权数加 1 的自然对数。

解释变量：税收优惠。此处以企业所得税实际税率是否大于 25% 的基准税率为标准，判断企业是否享受税收优惠。本变量的具体计算方法为企业所得税基准税率 25% 与企业所得税实际税率的差值，实际税率为所得税费用与税前利润的商。

解释变量：税收优惠持续性。此处采用实际税率来体现企业享受的税收优惠政策。当实际税率低于 25% 时表示企业享受了税收优惠政策，企业享受税收优惠的第一年将 SUS 记为 1，第二年将 SUS 记为 2，以此类推，否则表示未享受税收优惠，SUS 赋值为 0。

为保证回归结果的稳健性，此处选取了权益报酬率、企业规模、资产负债率、长期债务比率、企业成立时间、每股现金净流量、股利支付率、企业性质、地区、行业等控制变量，具体变量定义请见表 4–1。

四、模型设定

税收优惠政策中，研发费用加计扣除政策通过增加当期费用扣除，减少当期企业所得税现金流出；优惠税率政策也是通过降低企业所得税税率，减少企业现金流出。税收优惠对企业经营的影响本身就存在一定的滞后性，通过减少当期现金流出，增加企业现金持有量，缓解企业融资约束，激励企业创新投资，因此税收优惠对企业创新的激励作用存在一定的滞后性，此处假设税收优惠对企业创新有长期激励效应。为了检验税收优惠对企业长期创新的激励作用，此处设立了以下固定效应模型：

$$Y_{i,\ t+k} = \beta_0 + \beta_1 tax_{i,\ t} + \beta_2 govgrants_{i,\ t} + \beta_3 ROE_{i,\ t} + \beta_4 size_{i,\ t} + \beta_5 lev_{i,\ t}$$
$$+ \beta_6 lev2_{i,\ t} + \beta_7 longdebt_{i,\ t} + \beta_8 age_{i,\ t} + \beta_9 tobinq_{i,\ t}$$
$$+ \beta_{10} cash_{i,\ t} + \beta_{11} DIV_{i,\ t} + \mu_i + \gamma_t + \varepsilon_{it}$$

模型（2）

为了验证持续性税收优惠对企业创新的激励效应，此处借鉴李香菊、贺娜（2019）引入税收优惠政策持续性变量 SUS。此处设立了以下固定效应模型：

$$Y_{i,\ t+k} = \beta_0 + \beta_1 SUS_{i,\ t} + \beta_2 govgrants_{i,\ t} + \beta_3 ROE_{i,\ t} + \beta_4 size_{i,\ t} + \beta_5 lev_{i,\ t}$$
$$+ \beta_6 lev2_{i,\ t} + \beta_7 longdebt_{i,\ t} + \beta_8 age_{i,\ t} + \beta_9 tobinq_{i,\ t}$$
$$+ \beta_{10} cash_{i,\ t} + \beta_{11} DIV_{i,\ t} + \mu_i + \gamma_t + \varepsilon_{it}$$

模型（3）

五、实证结果分析

（一）税收优惠对企业长期创新的激励效应

此处分别采用专利、发明、实用新型及外观设计的申请数（Apply）及授权数（Grant）作为企业创新的替代变量，采用 25% 与企业实际税率的差值（tax）及税收优惠绝对值的对数（Tax）作为税收优惠的替代变量，将企业享受的税收优惠与企业创新分别进行回归。在模型（2）中，Y 不仅包含本期创新，还包含长期各期的创新。因篇幅所限，此处采用 T＋0 期至 T＋5 期的创新作为被解释变量，分别与企业享受税收优惠进行回归。

（1）税收优惠（tax）对企业长期创新（专利申请数）的激励效应

本节分别采用专利、发明、实用新型及外观设计的申请数（Apply）作为企业创新的替代变量，采用 25% 与企业实际税率的差值（tax）作为税收优惠的替代变量，将企业享受的税收优惠（tax）与 T＋0 期至 T＋5 期的企业创新（专利 Apply、发明 IApply、实用新型 UApply、外观设计 DApply）分别进行回归。此处预期模型（2）的 β_1 显著为正，即企业享受税收优惠可以激励企业进行长期创新。回归的结果见表 5-1。

税收优惠对当期企业创新（Apply）的回归系数为 0.8526，且在 1% 的水平上显著，验证了税收优惠对企业创新的正向激励作用；税收优惠对 T＋1 期及 T＋2 期企业创新（Apply）的回归系数为 0.7656 及 0.7093，且在 5% 的水平上显著，验证了税收优惠对长期企业创新的正向激励作用；税收优惠对 T＋3 至 T＋5 期企业创新的回归系数均为正，经济意义显著；从 T＋0 期至 T＋5 期，税收优惠对企业长期创新（Apply）回归结果的拟合优度均在 19% 以上，最高为 26.19%。税收优惠对企业创新（Apply）的回归结果说明企业当期享受的税收优惠对当期及长期企业创新均有正向激励作用，税收优惠对创新有显著的长期效应。

税收优惠对当期企业创新（IApply）的回归系数为 0.9660，且在 1% 的水平上显著，验证了税收优惠对企业创新的正向激励作用；税收优惠对 T＋1 期至 T＋4 期企业创新（Apply）的回归系数为均在 1% 的水平上显著，验证了税收优惠对长期企业创新的正向激励作用；税收优惠对 T＋5 期企业创新的回归系数均为正，经济意义显著，但统计意义不显著；从 T＋0 期至 T＋5 期，税收优惠对企业长期创新（IApply）回归结果的拟合优度均在 19% 以上，最高为 28.43%。税收优惠对当期企业创新（IApply）的回归结果说明企业当期享受的税收优惠对当期及长期企业创新均有正向激励作用，税收优惠对创新有显著的长期效应；通过比较税收优惠对专利创新（Apply）与发明创新（IApply）的回归结果，此处发现税收优惠对发明创新（IApply）的回归结果参数估计值更大，显著性更高，税收优惠对发明的长期激励效应显著大于税收优惠对专利的长期激励效应。

税收优惠对当期企业创新（UApply）的回归系数为 0.7569，且在 5% 的水平上显著，验证了税收优惠对企业创新的正向激励作用；税收优惠对 T＋1 期企业创新（UApply）的回归系数为 0.6487，且在 10% 的水平上显著，验证了税收优惠对长期企业创新的正向激励作用；税收优惠对 T＋2 期至 T＋5 期企业创新（UApply）的回归系数均不显著；从 T＋0 期至 T＋5 期，税收优惠对企业长期创新（UApply）回归结果的拟合优度均在 17% 以上，最高为 22.02%。税收优惠对企业创新（UApply）的回归结果说明企业当期享受的税收优惠对当期及长期企业创新均有正向激励作用。税收优惠对 T＋0 期至 T＋5 期企业创新（DApply）的回归系数均不显著。

在 T＋0 期至 T＋5 期期间，税收优惠（tax）对企业创新（专利 Apply、发明 IApply、实用新型 UApply、外观设计 DApply）的回归结果显示，企业当期享受的税收优惠对当期及长期企业创新均有正向激励作用，税收优惠对创新有显著的长期效应，其中，税收优惠对专利及发明的激励效应显著大于税收优惠对实用新型及外观设计的激励效应。

表 5-1　税收优惠（tax）与长期企业创新（专利申请数）的实证结果

	Apply	F.Apply	F2.Apply	F3.Apply	F4.Apply	F5.Apply
tax	0.8526***	0.7656**	0.7093**	0.5736	0.5521	0.0116
	(3.1721)	(2.3631)	(2.3146)	(1.5212)	(1.5723)	(0.0253)
N	10194	6837	5273	3994	2894	1840
adj.R-sq	0.2489	0.2619	0.2574	0.2317	0.2134	0.1961
	IApply	F.IApply	F2.IApply	F3.IApply	F4.IApply	F5.IApply
tax	0.9660***	0.9266***	0.8560***	0.8764***	0.9586***	0.4766
	(3.7308)	(3.2126)	(3.1288)	(2.9357)	(3.1313)	(1.2843)
adj.R-sq	0.2567	0.2843	0.2751	0.2411	0.2167	0.1922
	UApply	F.UApply	F2.UApply	F3.UApply	F4.UApply	F5.UApply
tax	0.7569**	0.6487*	0.5727	0.4332	0.3517	−0.3851
	(2.5584)	(1.7409)	(1.4728)	(0.9828)	(0.8189)	(−0.6041)
adj.R-sq	0.2202	0.2182	0.2087	0.2009	0.1865	0.1796
	DApply	F.DApply	F2.DApply	F3.DApply	F4.DApply	F5.DApply
tax	0.3025	0.1376	0.3271	0.1678	0.1238	0.1778
	(1.5087)	(0.6147)	(1.3274)	(0.5250)	(0.3488)	(0.4023)
adj.R-sq	0.0735	0.0872	0.0938	0.0875	0.0811	0.0762

（2）税收优惠（tax）对企业长期创新（专利授权数）的激励效应

本节分别采用专利、发明、实用新型及外观设计的授权数（Grant）作为企业创新的替代变量，采用25%与企业实际税率的差值（tax）作为税收优惠的替代变量，将企业享受的税收优惠（tax）与T＋0期至T＋5期的企业创新（专利 Grant、发明 IGrant、实用新型 UGrant、外观设计 DGrant）分别进行回归。此处预期模型（2）的 β_1 显著为正，即企业享受税收优惠可以激励企业进行长期创新。回归的结果见表5-2。

税收优惠对当期企业创新（Grant）的回归系数为0.6743，且在5%的水平上显著，验证了税收优惠对企业创新的正向激励作用；税收优惠对 T＋1期企业创新（Grant）的回归系数为0.5983，且在10%的水平上显著，税收优惠对 T＋2期企业创新（Grant）的回归系数为0.7663，且在5%的水平上显著，验证了税收优惠对长期企业创新的正向激励作用；税收优惠对 T＋3至 T＋5期企业创新的回归系数均为正，经济意义显著；从 T＋0期至 T＋5期，税收优惠对企业长期创新（Grant）回归结果的拟合优度均在20%以上，最高为26.39%。税收优惠对企业创新（Grant）的回归结果说明企业当期享受的税收优惠对当期及长期企业创新均有正向激励作用，税收优惠对创新有显著的长期效应。

税收优惠对当期企业创新（IGrant）的回归系数为0.6621，且在1%的水平上显著，验证了税收优惠对企业创新的正向激励作用；税收优惠对 T＋1期至 T＋4期企业创新（Grant）的回归系数均在1%的水平上显著，税收优惠对 T＋5期企业创新的回归系数在5%的水平上显著，验证了税收优惠对长期企业创新的正向激励作用；从 T＋0期至 T＋5期，税收优惠对企业长期创新（IGrant）回归结果的拟合优度均在24%以上，最高为29.63%。税收优惠对当期企业创新（IGrant）的回归结果说明企业当期享受的税收优惠对当期及长期企业创新均有正向激励作用，税收优惠对创新有显著的长期效应；通过比较税收优惠对专利创新（IGrant）与发明创新（IGrant）的回归结果，此处发现税收优惠对发明创新（IGrant）的回归结果参数显著性更高，税收优惠对发明的长期激励效应显著大于税收优惠对专利的长期激励效应。

税收优惠对当期企业创新（UGrant）的回归系数为 0.7156，且在 5% 的水平上显著，验证了税收优惠对企业创新的正向激励作用；税收优惠对 T＋2 期企业创新（UGrant）的回归系数为 0.7230，且在 10% 的水平上显著，验证了税收优惠对长期企业创新的正向激励作用；税收优惠对 T＋2 期至 T＋5 期企业创新（UGrant）的回归系数均不显著；从 T＋0 期至 T＋5 期，税收优惠对企业长期创新（UGrant）回归结果的拟合优度均在 17% 以上，最高为 21.89%。税收优惠对企业创新（UGrant）的回归结果说明企业当期享受的税收优惠对当期及长期企业创新均有正向激励作用。税收优惠对 T＋0 期至 T＋5 期企业创新（DGrant）的回归系数均不显著。

在 T＋0 期至 T＋5 期期间，税收优惠（tax）对企业创新（专利 Grant、发明 IGrant、实用新型 UGrant、外观设计 DGrant）的回归结果显示，企业当期享受的税收优惠对当期及长期企业创新均有正向激励作用，税收优惠对创新有显著的长期效应，其中，税收优惠对专利及发明的激励效应显著大于税收优惠对实用新型及外观设计的激励效应。

表 5-2　税收优惠（tax）与长期企业创新（专利授权数）的实证结果

	Grant	F.Grant	F2.Grant	F3.Grant	F4.Grant	F5.Grant
tax	0.6743**	0.5983*	0.7663**	0.4241	0.5925	0.0566
	(2.4987)	(1.8235)	(2.4582)	(1.2755)	(1.6588)	(0.1327)
N	10194	6837	5273	3994	2894	1840
adj.R-sq	0.2467	0.2639	0.2546	0.2423	0.2242	0.2117
	IGrant	F.IGrant	F2.IGrant	F3.IGrant	F4.IGrant	F5.IGrant
tax	0.6621***	0.6002**	0.7040***	0.6874***	1.0869***	0.8761**
	(3.8067)	(2.4747)	(2.7719)	(2.6608)	(3.6644)	(2.3476)
adj.R-sq	0.2645	0.2963	0.3011	0.2805	0.2701	0.2485
	UGrant	F.UGrant	F2.UGrant	F3.UGrant	F4.UGrant	F5.UGrant
tax	0.7156**	0.6088	0.7230*	0.5941	0.5587	−0.2173
	(2.2451)	(1.6005)	(1.9436)	(1.5376)	(1.2659)	(−0.3479)
adj.R-sq	0.2119	0.2189	0.2011	0.1967	0.1805	0.1746

	DGrant	F.DGrant	F2.DGrant	F3.DGrant	F4.DGrant	F5.DGrant
tax	0.2387	0.2278	0.4397	0.1402	0.1822	−0.0436
	(1.2441)	(1.0611)	(1.6688)	(0.4800)	(0.5409)	(−0.1055)
adj.R-sq	0.0692	0.0854	0.0856	0.0871	0.0777	0.0756

（3）税收优惠（Tax）对企业长期创新（专利申请数）的激励效应

本节分别采用专利、发明、实用新型及外观设计的申请数（Apply）作为企业创新的替代变量，采用税收优惠绝对值的对数（Tax）作为税收优惠的替代变量，将企业享受的税收优惠（Tax）与 T＋0 期至 T＋5 期的企业创新（专利 Apply、发明 IApply、实用新型 UApply、外观设计 DApply）分别进行回归。此处预期模型（2）的 β_1 显著为正，即企业享受税收优惠可以激励企业进行长期创新。回归的结果见表 5-3。

税收优惠对当期企业创新（Apply）的回归系数为 0.1423，且在 1% 的水平上显著，验证了税收优惠对企业创新的正向激励作用；税收优惠对 T＋1 期至 T＋4 期企业创新（Apply）的回归系数均在 1% 的水平上显著，验证了税收优惠对长期企业创新的正向激励作用；税收优惠对 T＋5 期企业创新的回归系数均为正，经济意义显著；从 T＋0 期至 T＋5 期，税收优惠对企业长期创新（Apply）回归结果的拟合优度均在 20% 以上，最高为 27.75%。税收优惠对企业创新（Apply）的回归结果说明企业当期享受的税收优惠对当期及长期企业创新均有正向激励作用，税收优惠对创新有显著的长期效应。

税收优惠对当期企业创新（IApply）的回归系数为 0.1831，且在 1% 的水平上显著，验证了税收优惠对企业创新的正向激励作用；税收优惠对 T＋1 期至 T＋4 期企业创新（Apply）的回归系数为均在 1% 的水平上显著，验证了税收优惠对长期企业创新的正向激励作用；税收优惠对 T＋5 期企业创新的回归系数均为正，经济意义显著，但统计意义不显著；从 T＋0 期至 T＋5 期，税收优惠对企业长期创新（IApply）回归结果的拟合优度均在 19% 以上，最高为 30.25%。税收优惠对当期企业创新（IApply）的回归结果说明企业当期享受的税收优惠对当期及长期企业创新均有正向激励作用，税收优惠对创新有显著的长期效应；通过比较税收优惠对专利创新（Apply）与发明创新（IApply）的回归结果，此处发现税收优惠对发明创新（IApply）的回归结果参数估计值更大，显著性更高，税收优惠对发明的长期激励效应显著大于税收优惠对专利的长期激励效应。

税收优惠对当期企业创新（UApply）的回归系数为 0.1067，且在 5% 的水平上显著，验证了税收优惠对企业创新的正向激励作用；税收优惠对 T＋1 期企业创新（UApply）的回归系数为 0.0990，且在 10% 的水平上显著，税收优惠对 T＋2 期企业创新（UApply）的回归系数为 0.1170，且在 5% 的水平上显著，验证了税收优惠对长期企业创新的正向激励作用；从 T＋0 期至 T＋5 期，税收优惠对企业长期创新（UApply）回归结果的拟合优度均在 18.72% 以上，最高为 22.55%。税收优惠对企业创新（UApply）的回归结果说明企业当期享受的税收优惠对当期及长期企业创新均有正向激励作用。税收优惠对 T＋0 期至 T＋5 期企业创新（DApply）的回归只有当期系数在 10% 水平上显著，拟合优度普遍低于 10%。

在 T＋0 期至 T＋5 期期间，税收优惠（Tax）对企业创新（专利 Apply、发明 IApply、实用新型 UApply、外观设计 DApply）的回归结果显示，企业当期享受的税收优惠对当期及长期企业创新均有正向激励作用，税收优惠对创新有显著的长期效应，其中，税收优惠对专利及发明的激励效应显著大于税收优惠对实用新型及外观设计的激励效应。

表 5–3　税收优惠（Tax）与长期企业创新（专利申请数）的实证结果

| | （1） | （2） | （3） | （4） | （5） | （6） |
	Apply	F.Apply	F2.Apply	F3.Apply	F4.Apply	F5.Apply
Tax	0.1423***	0.1320***	0.1572***	0.1475***	0.1425**	0.0049
	(3.3378)	(2.9704)	(3.5647)	(2.7075)	(2.3558)	(0.0806)
N	8695	5978	4607	3525	2580	1672
adj.R-sq	0.2615	0.2775	0.2704	0.2457	0.2348	0.2011

续表

	IApply	F.IApply	F2.IApply	F3.IApply	F4.IApply	F5.IApply
Tax	0.1831***	0.1602***	0.1788***	0.1760***	0.1517***	0.0804
	(5.1440)	(4.6646)	(4.9436)	(4.0806)	(3.1320)	(1.2953)
adj.R-sq	0.2750	0.3025	0.2906	0.2560	0.2334	0.1926
	UApply	F.UApply	F2.UApply	F3.UApply	F4.UApply	F5.UApply
Tax	0.1067**	0.0990*	0.1170**	0.0865	0.1238*	−0.0452
	(2.1621)	(1.8009)	(2.1813)	(1.3931)	(1.8681)	(−0.6263)
adj.R-sq	0.2252	0.2255	0.2161	0.2130	0.2067	0.1872
	DApply	F.DApply	F2.DApply	F3.DApply	F4.DApply	F5.DApply
Tax	0.0625*	0.0419	0.0491	0.0696	0.0399	0.0122
	(1.9722)	(1.1885)	(1.1631)	(1.5590)	(0.9006)	(0.2027)
adj.R-sq	0.0793	0.0929	0.0992	0.0945	0.0909	0.0776

（4）税收优惠（Tax）对企业长期创新（专利授权数）的激励效应

本节分别采用专利、发明、实用新型及外观设计的授权数（Grant）作为企业创新的替代变量，采用税收优惠绝对值的对数（Tax）作为税收优惠的替代变量，将企业享受的税收优惠（Tax）与 T＋0 期至 T＋5 期的企业创新（专利 Grant、发明 IGrant、实用新型 UGrant、外观设计 DGrant）分别进行回归。此处预期模型（2）的 β_1 显著为正，即企业享受税收优惠可以激励企业进行长期创新。回归的结果见表 5-4。

税收优惠对当期企业创新（Grant）的回归系数为 0.1225，且在 1% 的水平上显著，验证了税收优惠对企业创新的正向激励作用；税收优惠对 T＋2 期企业创新（Grant）的回归系数为 0.1032，且在 5% 的水平上显著，税收优惠对 T＋3 期企业创新（Grant）的回归系数为 0.1083，且在 5% 的水平上显著，税收优惠对 T＋4 期企业创新（Grant）的回归系数为 0.1343，且在 5% 的水平上显著，验证了税收优惠对长期企业创新的正向激励作用；税收优惠对 T＋1 及 T＋5 期企业创新的回归系数均为正，经济意义显著。税收优惠对企业创新（Grant）的回归结果说明企业当期享受的税收优惠对当期及长期企业创新均有正向激励作用，税收优惠对创新有显著的长期效应。

税收优惠对当期企业创新（IGrant）的回归系数为 0.1382，且在 1% 的水平上显著，验证了税收优惠对企业创新的正向激励作用；税收优惠对 T＋1 期至 T＋4 期企业创新（Grant）的回归系数均在 1% 的水平上显著，验证了税收优惠对长期企业创新的正向激励作用；从 T＋0 期至 T＋5 期，税收优惠对企业长期创新（IGrant）回归结果的拟合优度均在 25% 以上，最高为 30.68%。税收优惠对当期企业创新（IGrant）的回归结果说明企业当期享受的税收优惠对当期及长期企业创新均有正向激励作用，税收优惠对创新有显著的长期效应；通过比较税收优惠对专利创新（IGrant）与发明创新（IGrant）的回归结果，此处发现税收优惠对发明创新（IGrant）的回归结果参数显著性更高，税收优惠对发明的长期激励效应显著大于税收优惠对专利的长期激励效应。

税收优惠对当期企业创新（UGrant）的回归系数为 0.1107，且在 5% 的水平上显著，验证了税收优惠对企业创新的正向激励作用；税收优惠对 T＋2 期企业创新（UGrant）的回归系数为 0.1030，且在 5% 的水平上显著，验证了税收优惠对长期企业创新的正向激励作用；税收优惠对 T＋3 期至 T＋5 期企业创新（UGrant）的回归系数均不显著；从 T＋0 期至 T＋5 期，税收优惠对企业长期创新（UGrant）回归结果的拟合优度均在 18% 以上，最高为 22.66%。税收优惠对企业创新（UGrant）的回归结果说明企业当期享受的税收优惠对当期及长期企业创新均有正向激励作用。税收优惠对企业创新（DGrant）的回归系数仅有 T＋0 期在 10% 水平上显著，拟合优度普遍低于 10%。

在 T＋0 期至 T＋5 期期间，税收优惠（Tax）对企业创新（专利 Grant、发明 IGrant、实用新型 UGrant、外观设计 DGrant）的回归结果显示，企业当期享受的税收优惠对当期及长期企业创新均有正向激励作用，税收优惠对创新有显著的长期效应，其中，税收优惠对专利及发明的激励效应显著大于税收优惠对实用新型及外观设计的激励效应。

表5–4 税收优惠(Tax)与长期企业创新（专利授权数）的实证结果

	（1）	（2）	（3）	（4）	（5）	（6）
	Grant	F.Grant	F2.Grant	F3.Grant	F4.Grant	F5.Grant
Tax	0.1225***	0.0757	0.1032**	0.1083**	0.1343**	0.0198
	(2.8256)	(1.5736)	(2.4686)	(2.1558)	(2.3088)	(0.2736)
N	8695	5978	4607	3525	2580	1672
adj.R-sq	0.2601	0.2737	0.2668	0.2568	0.2419	0.2242
	IGrant	F.IGrant	F2.IGrant	F3.IGrant	F4.IGrant	F5.IGrant
Tax	0.1382***	0.1047***	0.0894***	0.1194***	0.1486***	0.0933
	(5.1296)	(3.4576)	(2.6636)	(3.0944)	(3.4896)	(1.6579)
adj.R-sq	0.2817	0.3068	0.3153	0.2997	0.2883	0.2546
	UGrant	F.UGrant	F2.UGrant	F3.UGrant	F4.UGrant	F5.UGrant
Tax	0.1107**	0.0748	0.1030**	0.0879	0.1028	−0.0191
	(2.3239)	(1.3119)	(2.0899)	(1.5522)	(1.6668)	(−0.2397)
adj.R-sq	0.2205	0.2266	0.2079	0.2069	0.1951	0.1864
	DGrant	F.DGrant	F2.DGrant	F3.DGrant	F4.DGrant	F5.DGrant
Tax	0.0596*	0.0410	0.0547	0.0663	0.0686	−0.0221
	(1.9013)	(1.0886)	(1.3341)	(1.3728)	(1.6324)	(−0.3232)
adj.R-sq	0.0742	0.0899	0.0903	0.0951	0.0868	0.0770

（5）小　结

在 T＋0 期至 T＋5 期期间，税收优惠（tax）对企业创新的回归结果与税收优惠（Tax）对企业创新的回归结果是一致的。回归结果显示，企业当期享受的税收优惠对当期及长期企业创新均有正向激励作用，税收优惠对创新有显著的长期效应，其中，税收优惠对专利及发明的激励效应显著大于税收优惠对实用新型及外观设计的激励效应，税收优惠对创新的激励效应主要表现为税收优惠对发明的激励效应。

（二）持续性税收优惠对企业创新的激励效应

此处分别采用专利、发明、实用新型及外观设计的申请数（Apply）及授权数（Grant）作为企业创新的替代变量，采用 SUS 作为持续性税收优惠的替代变量，将企业享受的持续性税收优惠与企业创新分别进行回归。在模型（3）中，Y 不仅包含本期创新，还包含长期各期的创新。因篇幅所限，此处采用 T＋0 期至 T＋5 期的创新作为被解释变量，分别与企业享受的持续性税收优惠进行回归。

（1）持续性税收优惠（SUS）对企业长期创新（专利申请数）的激励效应

本节分别采用专利、发明、实用新型及外观设计的申请数（Apply）作为企业创新的替代变量，采用 SUS 作为持续性税收优惠的替代变量，将企业享受的持续性税收优惠（SUS）与 T＋0 期至 T＋5 期的企业创新（专利 Apply、发明 IApply、实用新型 UApply、外观设计 DApply）分别进行回归。此处预期模型（3）的 β_1 显著为正，即企业享受持续性税收优惠可以激励企业进行长期创新。回归的结果见表 5–5。

持续性税收优惠（SUS）对当期企业创新（Apply）的回归系数为 0.1417，且在 1% 的水平上显著，验证了持续性税收优惠对企业创新的正向激励作用；税收优惠对 T＋1 期及 T＋4 期企业创新（Apply）的回归系数均在 1% 的水平上显著，验证了持续性税收优惠对长期企业创新的正向激励作用；税收优惠对 T＋5 期企业创新的回归系数为正，经济意义显著；从 T＋0 期至 T＋5 期，税收优惠对企业长期创新（Apply）回归结果的拟合优度均在 19% 以上，最高为 28.02%。持续性税收优惠对企业创新（Apply）的回归结果说明企业长期享受税收优惠对长期创新具有显著的正向激励作用。

持续性税收优惠对当期企业创新（IApply）的回归系数为 0.1421，且在 1% 的水平上显著，验证了税收优惠对企业创新的正向激励作用；持续性税收优惠对 T＋1 期至 T＋5 期企业创新（Apply）的回归系数为均在 1% 的水平上显著，验证了持续性税收优惠对长期企业创新的正向激励作用；从 T＋0 期至 T＋5 期，税收优惠对企业长期创新（IApply）回归结果的拟合优度均在 19% 以上，最高为 30.35%。持续性税收优惠对企业创新（IApply）的回归结果说明企业享受的持续性税收优惠对当期及长期企业创新均有正向激励作用，持续性税收优惠对企业创新有显著的长期效应；通过比较持续性税收优惠对专利创新（Apply）与发明创新（IApply）的回归结果，此处发现持续性税收优惠对发明创新（IApply）的回归结果参数估计值更大，显著性更高，持续性税收优惠对发明的长期激励效应显著大于税收优惠对专利的长期激励效应。

　　持续性税收优惠对当期企业创新（UApply）的回归系数为 0.1043，且在 1% 的水平上显著，验证了税收优惠对企业创新的正向激励作用；持续性税收优惠对 T＋1 期至 T＋3 期企业创新（UApply）的回归系数均在 10% 的水平上显著为正，验证了持续性税收优惠对企业长期创新的正向激励作用；持续性税收优惠对 T＋5 期企业创新（UApply）的回归系数不显著；从 T＋0 期至 T＋5 期，持续性税收优惠对企业长期创新（UApply）回归结果的拟合优度均在 17% 以上，最高为 22.97%。持续性税收优惠对企业创新（UApply）的回归结果说明企业享受的持续性税收优惠对当期及长期企业创新均有正向激励作用。持续性税收优惠对 T＋0 期至 T＋1 期企业创新（DApply）的回归系数在 1% 水平上显著，持续性税收优惠对 T＋2 期企业创新（DApply）的回归系数在 5% 水平上显著，拟合优度普遍低于 10%。

　　在 T＋0 期至 T＋5 期期间，持续性税收优惠（SUS）对企业创新（专利 Apply、发明 IApply、实用新型 UApply、外观设计 DApply）的回归结果显示，企业享受的持续性税收优惠对当期及长期企业创新均有正向激励作用，持续性税收优惠对创新有显著的长期效应，其中，持续性税收优惠对专利及发明的激励效应显著大于税收优惠对实用新型及外观设计的激励效应。

表 5-5　持续性税收优惠对企业创新（专利申请数）的实证结果

	Apply	F.Apply	F2.Apply	F3.Apply	F4.Apply	F5.Apply
SUS	0.1417***	0.1415***	0.1330***	0.1367***	0.1232***	0.0523
	(6.9712)	(6.7893)	(6.7343)	(7.4398)	(4.7924)	(1.3620)
N	10194	6837	5273	3994	2894	1840
adj.R-sq	0.2686	0.2802	0.2706	0.2430	0.2199	0.1973

	IApply	F.IApply	F2.IApply	F3.IApply	F4.IApply	F5.IApply
SUS	0.1421***	0.1421***	0.1382***	0.1494***	0.1492***	0.1067***
	(7.3678)	(6.7163)	(6.1041)	(6.5724)	(5.0085)	(2.6967)
adj.R-sq	0.2782	0.3035	0.2895	0.2540	0.2247	0.1961
	UApply	F.UApply	F2.UApply	F3.UApply	F4.UApply	F5.UApply
SUS	0.1043***	0.1079***	0.1111***	0.1167***	0.0853**	−0.0051
	(4.4247)	(4.4861)	(5.5115)	(4.5127)	(2.4124)	(−0.1058)
adj.R-sq	0.2297	0.2278	0.2170	0.2084	0.1893	0.1792
	DApply	F.DApply	F2.DApply	F3.DApply	F4.DApply	F5.DApply
SUS	0.0530***	0.0495***	0.0465**	0.0412	0.0304	0.0140
	(3.6550)	(2.9220)	(2.4908)	(1.6624)	(1.0147)	(0.3602)
adj.R-sq	0.0784	0.0910	0.0959	0.0890	0.0816	0.0762

（2）持续性税收优惠（SUS）对企业长期创新（专利授权数）的激励效应

本节分别采用专利、发明、实用新型及外观设计的授权数（Grant）作为企业创新的替代变量，采用 SUS 作为持续性税收优惠的替代变量，将企业享受的持续性税收优惠（SUS）与 T＋0 期至 T＋5 期的企业创新（专利 Grant、发明 IGrant、实用新型 UGrant、外观设计 DGrant）分别进行回归。此处预期模型（3）的 β_1 显著为正，即企业享受持续性税收优惠可以激励企业进行长期创新。回归的结果见表 5-6。

持续性税收优惠（SUS）对当期企业创新（Grant）的回归系数为 0.1201，且在 1% 的水平上显著，验证了持续性税收优惠对企业创新的正向激励作用；税收优惠对 T＋1 期及 T＋4 期企业创新（Grant）的回归系数均在 1% 的水平上显著，验证了持续性税收优惠对长期企业创新的正向激励作用；税收优惠对 T＋5 期企业创新的回归系数为正，经济意义显著；从 T＋0 期至 T＋5 期，税收优惠对企业长期创新（Grant）回归结果的拟合优度均在 21% 以上，最高为 28.02%。持续性税收优惠对企业创新（Grant）的回归结果说明企业长期享受税收优惠对长期创新具有显著的正向激励作用。

持续性税收优惠对当期企业创新（IGrant）的回归系数为 0.1020，且在 1%

的水平上显著，验证了税收优惠对企业创新的正向激励作用；持续性税收优惠对 T＋1 期至 T＋5 期企业创新（Grant）的回归系数为均在 1% 的水平上显著，验证了持续性税收优惠对长期企业创新的正向激励作用；从 T＋0 期至 T＋5 期，税收优惠对企业长期创新（IGrant）回归结果的拟合优度均在 28% 以上，最高为 31.37%。持续性税收优惠对企业创新（IGrant）的回归结果说明企业享受的持续性税收优惠对当期及长期企业创新均有正向激励作用，持续性税收优惠对企业创新有显著的长期效应。

持续性税收优惠对当期企业创新（UGrant）的回归系数为 0.0998，且在 1% 的水平上显著，验证了税收优惠对企业创新的正向激励作用；持续性税收优惠对 T＋1 期至 T＋3 期企业创新（UGrant）的回归系数均在 1% 的水平上显著为正，持续性税收优惠对 T＋4 期企业创新（UGrant）的回归系数均在 5% 的水平上显著为正，验证了持续性税收优惠对企业长期创新的正向激励作用；持续性税收优惠对 T＋5 期企业创新（UGrant）的回归系数不显著；从 T＋0 期至 T＋5 期，持续性税收优惠对企业长期创新（UGrant）回归结果的拟合优度均在 17% 以上，最高为 22.91%。持续性税收优惠对企业创新（UGrant）的回归结果说明企业享受的持续性税收优惠对当期及长期企业创新均有正向激励作用。

持续性税收优惠对当期企业创新（DGrant）的回归系数为 0.0512，且在 1% 的水平上显著，验证了税收优惠对企业创新的正向激励作用；持续性税收优惠对 T＋1 期至 T＋2 期企业创新（DGrant）的回归系数均在 1% 的水平上显著为正，持续性税收优惠对 T＋3 期企业创新（DGrant）的回归系数均在 5% 的水平上显著为正，验证了持续性税收优惠对企业长期创新的正向激励作用；持续性税收优惠对 T＋4 期及 T＋5 期企业创新（DGrant）的回归系数不显著；从 T＋0 期至 T＋5 期，持续性税收优惠对企业长期创新（DGrant）回归结果的拟合优度均在 10% 以下。持续性税收优惠对企业创新（DGrant）的回归结果说明企业享受的持续性税收优惠对当期及长期企业创新均有正向激励作用。

在 T＋0 期至 T＋5 期期间，持续性税收优惠（SUS）对企业创新（专利

Grant、发明 IGrant、实用新型 UGrant、外观设计 DGrant）的回归结果显示，企业享受的持续性税收优惠对当期及长期企业创新均有正向激励作用，持续性税收优惠对创新有显著的长期效应，其中，通过比较回归系数可知持续性税收优惠对专利及发明的激励效应显著大于税收优惠对实用新型及外观设计的激励效应。

（3）小　结

在 T＋0 期至 T＋5 期期间，持续性税收优惠（SUS）对企业创新（专利申请数与授权数）的回归结果是一致的。回归结果显示，企业享受的持续性税收优惠对当期及长期企业创新均有正向激励作用，持续性税收优惠对企业创新有显著的长期效应，其中，持续性税收优惠对专利及发明的激励效应显著大于持续性税收优惠对实用新型及外观设计的激励效应。

表 5-6　持续性税收优惠对企业创新（专利授权数）的实证结果

	Grant	F.Grant	F2.Grant	F3.Grant	F4.Grant	F5.Grant
SUS	0.1201***	0.1261***	0.1218***	0.1293***	0.1175***	0.0611
	(5.8932)	(5.7116)	(6.1247)	(6.5059)	(4.0750)	(1.4542)
N	10194	6837	5273	3994	2894	1840
adj.R-sq	0.2626	0.2802	0.2657	0.2537	0.2303	0.2133
	IGrant	F.IGrant	F2.IGrant	F3.IGrant	F4.IGrant	F5.IGrant
SUS	0.1020***	0.1100***	0.1141***	0.1254***	0.1405***	0.1281***
	(6.3573)	(5.6527)	(5.4651)	(5.4187)	(4.7534)	(3.3202)
adj.R-sq	0.2800	0.3124	0.3137	0.2921	0.2771	0.2532
	UGrant	F.UGrant	F2.UGrant	F3.UGrant	F4.UGrant	F5.UGrant
SUS	0.0998***	0.1084***	0.1093***	0.1269***	0.0977**	0.0193
	(4.2381)	(4.4997)	(4.9379)	(5.3200)	(2.6486)	(0.4008)
adj.R-sq	0.2209	0.2291	0.2087	0.2055	0.1838	0.1746
	DGrant	F.DGrant	F2.DGrant	F3.DGrant	F4.DGrant	F5.DGrant
SUS	0.0512***	0.0524***	0.0450***	0.0480**	0.0342	0.0282
	(3.7084)	(3.1811)	(2.7931)	(2.1412)	(1.2522)	(0.6805)
adj.R-sq	0.0740	0.0896	0.0870	0.0893	0.0784	0.0760

（三）稳健性检验

1. 门槛回归

此处采用门槛回归进行稳健性检验。门槛变量 $tax_{i,t}$ 为税收优惠幅度，即 25% 与实际税率之差。当 $tax > 0$ 时，表示企业实际税率低于名义税率 25%，企业享受税收优惠；当 $tax < 0$ 时，表示企业未享受税收优惠。此处设立以下门槛回归模型：

$$Y_{i,t+k} = \beta_0 + \beta_1 tax_{i,t} I(tax_{i,t} > 0) + \beta_2 tax_{i,t} I(tax_{i,t} < 0) + \beta_3 govgrants_{i,t}$$
$$+ \beta_4 ROE_{i,t} + \beta_5 size_{i,t} + \beta_6 lev_{i,t} + \beta_7 lev2_{i,t} + \beta_8 longdebt_{i,t}$$
$$+ \beta_9 age_{i,t} + \beta_{10} tobinq_{i,t} + \beta_{11} cash_{i,t} + \beta_{12} DIV_{i,t} + \mu_i + \gamma_t + \varepsilon_{it}$$

模型（4）

模型（4）分别检验了 $tax > 0$ 与 $tax < 0$，即企业享受税收优惠与未享受税收优惠对当期及长期创新的影响。本节分别采用专利、发明、实用新型及外观设计的申请数（Apply）及授权数（Grant）作为企业创新的替代变量。企业创新不仅包含本期创新，还包含长期各期的创新。因篇幅所限，此处采用 T ＋ 0 期至 T ＋ 2 期的创新作为被解释变量，分别与税负变化的企业享受的税收优惠进行回归。

（1）税收优惠与企业创新（专利申请数）的门槛回归

本节分别采用专利、发明、实用新型及外观设计的申请数（Apply）作为企业创新的替代变量，将 $tax > 0$ 企业与 $tax < 0$ 企业享受的税收优惠（tax）与 T ＋ 0 期至 T ＋ 2 期的企业创新（专利 Apply、发明 IApply、实用新型 UApply、外观设计 DApply）分别进行回归。此处预期 β_1 显著为正，即税收优惠可以激励企业长期创新。

税收优惠对 $tax > 0$ 企业当期创新（Apply）的回归系数 0.7996 在 5% 的水平上显著，验证了税收优惠对企业创新的正向激励作用；税收优惠对 T ＋ 1 期及 T ＋ 2 期 $tax > 0$ 企业创新（Apply）的回归系数均在 5% 水平上显著为正，验证了税收优惠对 $tax > 0$ 企业创新的长期激励作用。从 T ＋ 0 期至 T ＋ 2 期，税收优惠对 tax > 0 企业长期创新（Apply）回归结果的拟合优度均在 24% 以上，最高为 27.96%。税收优惠对 tax < 0 企业 T + 0 期至 T + 2 期创新（Apply）的回归系数均不显著，进一步说明了享受税收优惠对企业创新的激励作用。税收优惠对 tax < 0 企业 T + 0 期至 T + 2 期创新（Apply）的回归系数均为负，说明企业实际税率越高，企业创新产出越少，享受税收优惠降低实际税率能够激励企业创新。通过综合比较税收优惠对 tax > 0 企业创新（Apply）的回归系数与税收优惠对 tax < 0 企业创新（Apply）的回归系数，税收优惠对 tax > 0 企业创新的回归系数都显著为正，说明享受税收优惠对企业创新有长期激励效应；税收优惠对 tax < 0 企业创新的回归系数均为负，说明未税收优惠的企业创新产出减少，进一步验证了税收优惠对企业创新能力的激励效应。

税收优惠对 tax > 0 企业 T + 0 期至 T + 2 期创新（IApply）的回归系数均显著为正，验证了税收优惠对企业创新的长期激励作用；从 T + 0 期至 T + 2 期，税收优惠对 tax > 0 企业长期创新（IApply）回归结果的拟合优度均在 26% 以上，最高为 29.69%。税收优惠对 T + 0 期至 T + 2 期 tax < 0 企业创新（IApply）的回归系数均不显著。从 T + 0 期至 T + 2 期，税收优惠对税负增加企业长期创新（IApply）回归结果的拟合优度均在 26% 以上。通过综合比较税收优惠对 tax < 0 企业创新（IApply）的回归系数与税收优惠对 tax > 0 企业创新（IApply）的回归系数，税收优惠对 tax > 0 企业创新（IApply）的回归系数都显著为正，说明税收优惠对企业创新有长期激励效应。税收优惠对 tax > 0 企业创新（IApply）的回归系数普遍大于税收优惠对 tax < 0 企业创新（IApply）的回归系数，说明税收优惠对 tax > 0 企业的激励效应强于 tax < 0 企业。税收优惠对企业创新（IApply）的回归系数普遍大于税收优惠对企业创新（Apply）的回归系数，说明税收优惠对 tax > 0 企业的激励效应主要表现为对发明专利的激励效应。

税收优惠对 tax > 0 企业 T + 0 期至 T + 2 期期创新（UApply）的回归系数均为正，税收优惠对 tax > 0 企业 T + 2 期期创新（UApply）的回归系数在 5% 水平上显著，验证了税收优惠对 tax > 0 企业创新的长期激励作用。从

T＋0期至 T＋2期，税收优惠对 tax＞0 企业长期创新（UApply）回归结果的拟合优度均在 24% 以上，最高为 25.93%。税收优惠对 T＋0 期至 T＋2 期 tax＜0 企业创新（UApply）的回归系数均为负。税收优惠对 tax＞0 企业创新（UApply）的回归系数都普遍为正，说明税收优惠对企业创新有长期激励效应。税收优惠对企业创新（UApply）的回归系数普遍低于税收优惠对企业创新（IApply）的回归系数，说明税收优惠对 tax＞0 企业的激励效应主要表现为对发明专利的激励效应。

　　整体来看，企业享受税收优惠对创新有显著的激励效应，激励强度明显强于未享受税收优惠企业。企业当期享受的税收优惠对当期及长期企业创新均有正向激励作用，企业税收优惠对创新的激励效应主要表现为对发明创新（IApply）的激励效应。

表 5-7　门槛回归实证结果（专利申请数）

	实际税率＞25%		tax＜0	实际税率＜25%		tax＞0
	Apply	F.Apply	F2.Apply	Apply	F.Apply	F2.Apply
tax	−0.2830	−0.6901	−0.2676	0.7996**	0.8631*	1.0288**
	(−0.4987)	(−1.1426)	(−0.4595)	(2.1536)	(1.9575)	(2.2538)
N	8681	5973	4604	1511	864	669
adj.R-sq	0.2575	0.2749	0.2648	0.2666	0.2492	0.2796
	IApply	F.IApply	F2.IApply	IApply	F.IApply	F2.IApply
tax	0.1444	−0.2446	0.0938	0.8638**	0.9225**	1.2407***
	(0.2917)	(−0.5017)	(0.1963)	(2.3209)	(2.2496)	(2.7844)
adj.R-sq	0.2668	0.2968	0.2826	0.2633	0.2698	0.2969
	UApply	F.UApply	F2.UApply	UApply	F.UApply	F2.UApply
tax	−0.2125	−0.7721	−0.6730	0.5687	0.6333	1.0793**
	(−0.3879)	(−1.2085)	(−1.0527)	(1.6557)	(1.4183)	(2.1386)
adj.R-sq	0.2230	0.2247	0.2139	0.2593	0.2412	0.2473
	DApply	F.DApply	F2.DApply	DApply	F.DApply	F2.DApply
tax	0.3209	0.1009	0.3085	0.1988	0.1193	0.0193
	(0.9344)	(0.2555)	(0.6538)	(0.5958)	(0.2925)	(0.0430)
adj.R-sq	0.0791	0.0924	0.0987	0.0391	0.0409	0.0444

（2）税收优惠与企业创新（专利授权数）的门槛回归

本节分别采用专利、发明、实用新型及外观设计的申请数（Grant）作为企业创新的替代变量，将 tax ＞ 0 企业与 tax ＜ 0 企业享受的税收优惠（tax）与 T ＋ 0 期至 T ＋ 2 期的企业创新（专利 Grant、发明 IGrant、实用新型 UGrant、外观设计 DGrant）分别进行回归。此处预期 β_1 显著为正，即企业享受税收优惠可以激励企业进行长期创新。回归的结果见表 5-8。

税收优惠对 tax ＞ 0 企业 T ＋ 0 期及 T ＋ 2 期创新（Grant）的回归系数均为正，验证了税收优惠对企业创新的正向激励作用；税收优惠对 T ＋ 2 期 tax ＞ 0 企业创新（Grant）的回归系数在 1% 水平上显著为正，验证了税收优惠对 tax ＞ 0 企业创新的长期激励作用。从 T ＋ 0 期至 T ＋ 2 期，税收优惠对 tax ＞ 0 企业长期创新（Grant）回归结果的拟合优度均在 24% 以上，最高为 27.82%。税收优惠对 tax ＜ 0 企业 T ＋ 0 期至 T ＋ 2 期创新（Grant）的回归系数均不显著，进一步说明了享受税收优惠对企业创新的激励作用。税收优惠对 tax ＜ 0 企业 T ＋ 0 期至 T ＋ 2 期创新（Grant）的回归系数均为负，说明企业实际税率越高，企业创新产出越少，享受税收优惠降低实际税率能够激励企业创新。通过综合比较税收优惠对 tax ＞ 0 企业创新（Grant）的回归系数与税收优惠对 tax ＜ 0 企业创新（Grant）的回归系数，税收优惠对 tax ＞ 0 企业创新的回归系数都显著为正，说明享受税收优惠对企业创新有长期激励效应；税收优惠对 tax ＜ 0 企业创新的回归系数均为负，说明未税收优惠的企业创新产出减少，进一步验证了税收优惠对企业创新能力的激励效应。

税收优惠对 tax ＞ 0 企业 T ＋ 0 期至 T ＋ 2 期创新（IGrant）的回归系数均显著为正，验证了税收优惠对企业创新的长期激励作用；从 T ＋ 0 期至 T ＋ 2 期，税收优惠对 tax ＞ 0 企业长期创新（IGrant）回归结果的拟合优度均在 25% 以上，最高为 30.47%。税收优惠对 T ＋ 0 期至 T ＋ 2 期 tax ＜ 0 企业创新（IGrant）的回归系数均不显著。从 T ＋ 0 期至 T ＋ 2 期，税收优惠对税负增加企业长期创新（IGrant）回归结果的拟合优度均在 27% 以上。通过综合比较税收优惠对 tax ＜ 0 企业创新（IGrant）的回归系数与税收优惠对

tax > 0 企业创新（IGrant）的回归系数，税收优惠对 tax > 0 企业创新（IGrant）的回归系数都显著为正，说明税收优惠对企业创新有长期激励效应。税收优惠对 tax > 0 企业创新（IGrant）的回归系数普遍大于税收优惠对 tax < 0 企业创新（IGrant）的回归系数，说明税收优惠对 tax > 0 企业的激励效应强于 tax < 0 企业。税收优惠对企业创新（IGrant）的回归系数普遍大于税收优惠对企业创新（Grant）的回归系数，说明税收优惠对 tax > 0 企业的激励效应主要表现为对发明专利的激励效应。

税收优惠对 tax > 0 企业 T ＋ 0 期至 T ＋ 2 期期创新（UGrant）的回归系数均为正，税收优惠对 tax > 0 企业 T ＋ 2 期期创新（UGrant）的回归系数在 1% 水平上显著，验证了税收优惠对 tax > 0 企业创新的长期激励作用。从 T ＋ 0 期至 T ＋ 2 期，税收优惠对 tax > 0 企业长期创新（UGrant）回归结果的拟合优度均在 23% 以上，最高为 24.41%。税收优惠对 T ＋ 0 期至 T ＋ 2 期 tax < 0 企业创新（UGrant）的回归系数均为负。税收优惠对 tax > 0 企业创新（UGrant）的回归系数都普遍为正，说明税收优惠对企业创新有长期激励效应。税收优惠对企业创新（UGrant）的回归系数普遍低于税收优惠对企业创新（IGrant）的回归系数，说明税收优惠对 tax > 0 企业的激励效应主要表现为对发明专利的激励效应。

表 5-8　门槛回归实证结果（专利授权数）

	实际税率＞ 25%		tax < 0	实际税率＜ 25%		tax > 0
	Grant	F.Grant	F2.Grant	Grant	F.Grant	F2.Grant
tax	−0.1707	−0.9468	−0.4902	0.5406	0.7002	1.3050***
	(−0.3261)	(−1.4823)	(−0.8098)	(1.5516)	(1.6343)	(3.5826)
N	8681	5973	4604	1511	864	669
adj.R-sq	0.2565	0.2744	0.2646	0.2461	0.2782	0.2660
	IGrant	F.IGrant	F2.IGrant	IGrant	F.IGrant	F2.IGrant
tax	0.2890	−0.1216	−0.2320	0.7355**	0.7015*	0.9891**
	(0.8215)	(−0.2880)	(−0.5429)	(2.1220)	(1.7925)	(2.3467)
adj.R-sq	0.2750	0.3036	0.3128	0.2597	0.3047	0.2950

	UGrant	F.UGrant	F2.UGrant	UGrant	F.UGrant	F2.UGrant
tax	−0.1163	−0.9898	−0.4922	0.6125*	0.3530	1.2317***
	(−0.2242)	(−1.4431)	(−0.7853)	(1.7076)	(0.8059)	(2.7485)
adj.R-sq	0.2175	0.2274	0.2059	0.2311	0.2441	0.2344
	DGrant	F.DGrant	F2.DGrant	DGrant	F.DGrant	F2.DGrant
tax	0.2977	0.1392	0.5172	−0.0482	0.1784	0.3624
	(0.8595)	(0.3515)	(1.1794)	(−0.1533)	(0.3959)	(0.9200)
adj.R-sq	0.0740	0.0892	0.0901	0.0406	0.0521	0.0421

tax0.29770.13920.5172—0.04820.17840.3624
(0.8595)(0.3515)(1.1794)(−0.1533)(0.3959)(0.9200)
adj.R-sq0.07400.08920.09010.04060.05210.0421

（3）小 结

在 T＋0 期至 T＋2 期期间，税收优惠（tax）对 tax＞0 企业创新的回归结果与税收优惠（Tax）对 tax＜0 企业创新的回归结果是完全不同的。结果显示，企业享受的税收优惠对当期及长期企业创新均有正向激励作用，tax＞0企业税收优惠的激励效应显著高于 tax＜0 企业。税收优惠对 tax＞0 企业的创新有显著的长期效应，其中，税收优惠对专利及发明的激励效应显著大于税收优惠对实用新型及外观设计的激励效应，tax＞0 企业税收优惠对企业创新的激励效应主要表现为对专利创新的激励效应。

2. 内生性检验

为了解决内生性问题，此处分别采用企业研发支出占比（RDSpendratio）与企业研发人员占比（RDPersonratio）作为 tax 的工具变量，采用专利、发明、实用新型及外观设计的申请数（Apply）及授权数（Grant）作为企业创新的替代变量，将企业享受的税收优惠与企业创新分别进行 2SLS 两阶段回归分析。企业创新不仅包含本期创新，还包含长期各期的创新。因篇幅所限，此处采用 T＋0 期至 T＋4 期的创新作为被解释变量，分别与企业享受的税收优惠进行回归。

（1）工具变量（研发支出）与企业创新（专利申请数）的 2SLS 回归

本节采用企业研发支出占比（RDSpendratio）作为 tax 的工具变量，采用专利、发明、实用新型及外观设计的申请数（Apply）作为企业创新的替代变量，将企业享受的税收优惠（tax）与 T＋0 期至 T＋4 期的企业创新（专利 Apply、发明 IApply、实用新型 UApply、外观设计 DApply）分别进行 2SLS 回归。此处预期 β_1 显著为正，即企业享受税收优惠可以激励企业进行长期创新。回归的结果见表 5-9。

第一阶段估计结果显示，工具变量 RDSpendratio 系数 5.2834 在 1% 水平上显著为正，同时弱工具变量检验 Cragg_DonaldWaldF 统计量的取值 281.34 远远大于 16.38 的临界值，说明本节选取的工具变量企业研发支出占比（RDSpendratio）通过了弱工具变量检验。

第二阶段回归结果中，税收优惠对企业当期创新（Apply）的回归系数 0.0755 在 1% 的水平上显著，验证了税收优惠对企业创新的正向激励作用；税收优惠对 T＋1 期至 T＋4 期企业创新（Apply）的回归系数均在 5% 水平上显著为正，验证了税收优惠对企业创新的长期激励作用。从 T＋0 期至 T＋4 期，税收优惠对企业长期创新（Apply）回归结果的拟合优度均在 25% 以上，最高为 28.10%。实证结果表明，即使考虑了内生性偏误，税收优惠对企业创新（Apply）存在长期激励效应。

税收优惠对企业当期创新（IApply）的回归系数 0.0979 在 1% 的水平上显著，验证了税收优惠对企业创新的正向激励作用；税收优惠对 T＋1 期至 T＋4 期企业创新（IApply）的回归系数均在 1% 水平上显著为正，验证了税收优惠对企业创新的长期激励作用。从 T＋0 期至 T＋4 期，税收优惠对企业长期创新（IApply）回归结果的拟合优度均在 28% 以上，最高为 32.57%。通过综合比较税收优惠对企业创新（Apply）的回归系数与税收优惠对企业创新（IApply）的回归系数，税收优惠对企业创新的回归系数都显著为正，说明享受税收优惠对企业创新有长期激励效应；税收优惠对企业创新（IApply）的回归系数普遍大于税收优惠对企业创新（Apply）的回归系数，税收优惠对企业创新能力的激励效应主要表现为对发明专利（IApply）的激励效应。

第二阶段回归结果中，税收优惠对企业 T＋0 期至 T＋4 期创新（UApply）的回归系数均为正，统计意义不显著，但有显著的经济意义，验证了税收优惠对企业创新的长期激励作用；税收优惠对企业创新（DApply）的回归系数中，只有当期创新的回归系数在 5% 水平上显著为正。税收优惠对企业创新（UApply 与 DApply）的回归系数普遍小于税收优惠对企业创新（IApply）的回归系数，说明税收优惠对企业创新能力的激励效应主要表现为对发明专利（IApply）的激励效应。

整体来看，工具变量企业研发支出占比（RDSpendratio）通过了弱工具变量检验，即使考虑了可能存在的内生性偏误，税收优惠对企业创新有显著的长期效应。通过比较企业税收优惠与 T＋0 期至 T＋4 期的企业创新的 2SLS 回归系数，专利 Apply 与发明 IApply 的回归系数显著为正，普遍大于实用新型 UApply 与外观设计 DApply 的回归系数。企业税收优惠对创新的激励效应主要表现为对发明创新（IApply）的激励效应。

表 5-9　2SLS 实证结果（研发支出与专利申请数）

	第一阶段	第二阶段				
	RDSpendratio	Apply	F.Apply	F2.Apply	F3.Apply	F4.Apply
tax	5.2834***					
	(4.5023)					
RDSpendRatio		0.0755***	0.0679**	0.0649**	0.0582**	0.0621**
		(2.7887)	(2.3441)	(2.3441)	(2.1477)	(2.2642)
N	10192	10192	7837	6837	5273	3994
adj.R-sq	0.2243	0.2756	0.2810	0.2810	0.2735	0.2505
	RDSpendratio	IApply	F.IApply	F.IApply	F2.IApply	F3.IApply
tax	5.2834***					
	(4.5023)					
RDSpendratio	0.0979***	0.0884***	0.0894***	0.0830***	0.0884***	
		(4.3989)	(3.7870)	(3.7870)	(3.5667)	(3.6542)
adj.R-sq	0.2243	0.3099	0.3257	0.3257	0.3116	0.2816

续表

	RDSpendrati	UApply	F.UApply	F.UApply	F2.UApply	F3.UApply
tax	5.2834***					
	(4.5023)					
RDSpendratio		0.0371	0.0349	0.0249	0.0217	0.0236
		(1.1972)	(0.8055)	(0.8055)	(0.7287)	(0.7829)
adj.R-sq	0.2243	0.2244	0.2195	0.2195	0.2097	0.2028
	RDSpendrati	DApply	F.DApply	F.DApply	F2.DApply	F3.DApply
tax	5.2834***					
	(4.5023)					
RDSpendrati		0.0243**	0.0253	0.0153	0.0121	0.0124
		(2.2276)	(1.5464)	(1.5464)	(1.3091)	(1.4337)
adj.R-sq	0.2243	0.0781	0.0889	0.0889	0.0943	0.0885

（2）工具变量（研发支出）与企业创新（专利授权数）的 2SLS 回归

本节采用企业研发支出占比（RDSpendratio）作为 tax 的工具变量，采用专利、发明、实用新型及外观设计的授权数（Grant）作为企业创新的替代变量，将企业享受的税收优惠（tax）与 T＋0 期至 T＋4 期的企业创新（专利 Grant、发明 IGrant、实用新型 UGrant、外观设计 DGrant）分别进行 2SLS 回归。此处预期 β_1 显著为正，即企业享受税收优惠可以激励企业进行长期创新。回归的结果见表 5-10。

第一阶段估计结果显示，工具变量 RDSpendratio 系数 5.2834 在 1% 水平上显著为正，同时弱工具变量检验 Cragg_DonaldWaldF 统计量的取值 281.34 远远大于 16.38 的临界值，说明本节选取的工具变量企业研发支出占比（RDSpendratio）通过了弱工具变量检验。

第二阶段回归结果中，税收优惠对企业当期创新（Grant）的回归系数 0.0557 在 10% 的水平上显著，验证了税收优惠对企业创新的正向激励作用；税收优惠对 T＋1 期至 T＋4 期企业创新（Grant）的回归系数均在 10% 水平上显著为正，验证了税收优惠对企业创新的长期激励作用。从 T＋0 期至 T＋4 期，税收优惠对企业长期创新（Grant）回归结果的拟合优度均在 25% 以上，最高为 27.61%。实证结果表明，即使考虑了内生性偏误，税收优惠对企业创新（Grant）存在长期激励效应。

税收优惠对企业当期创新（IGrant）的回归系数 0.0707 在 1% 的水平上显著，验证了税收优惠对企业创新的正向激励作用；税收优惠对 T ＋ 1 期至 T ＋ 4 期企业创新（IGrant）的回归系数均在 1% 水平上显著为正，验证了税收优惠对企业创新的长期激励作用。从 T ＋ 0 期至 T ＋ 4 期，税收优惠对企业长期创新（IGrant）回归结果的拟合优度均在 30% 以上，最高为 33.67%。通过综合比较税收优惠对企业创新（Grant）的回归系数与税收优惠对企业创新（IGrant）的回归系数，税收优惠对企业创新的回归系数都显著为正，说明享受税收优惠对企业创新有长期激励效应；税收优惠对企业创新（IGrant）的回归系数普遍大于税收优惠对企业创新（Grant）的回归系数，税收优惠对企业创新能力的激励效应主要表现为对发明专利（IGrant）的激励效应。

第二阶段回归结果中，税收优惠对企业 T ＋ 0 期至 T ＋ 4 期创新（UGrant）的回归系数均为正，统计意义不显著，但有显著的经济意义，验证了税收优惠对企业创新的长期激励作用；税收优惠对企业创新（DGrant）的回归系数中，只有当期创新的回归系数在 5% 水平上显著为正。税收优惠对企业创新（UGrant 与 DGrant）的回归系数普遍小于税收优惠对企业创新（IGrant）的回归系数，说明税收优惠对企业创新能力的激励效应主要表现为对发明专利（IGrant）的激励效应。

整体来看，工具变量企业研发支出占比（RDSpendratio）通过了弱工具变量检验，即使考虑了可能存在的内生性偏误，税收优惠对企业创新有显著的长期效应。通过比较企业税收优惠与 T ＋ 0 期至 T ＋ 4 期的企业创新的 2SLS 回归系数，专利 Grant 与发明 IGrant 的回归系数显著为正，普遍大于实用新型 UGrant 与外观设计 DGrant 的回归系数。企业税收优惠对创新的激励效应主要表现为对发明创新（IGrant）的激励效应。

表 5-10 2SLS 实证结果（研发支出与专利授权数）

	第一阶段	第二阶段				
	RDSpendratio	Grant	F.Grant	F.Grant	F2.Grant	F3.Grant
tax	5.2834***					
	(4.5023)					
RDSpendratio		0.0557*	0.0488*	0.0498*	0.0490*	0.0507*
		(1.9705)	(1.7008)	(1.7008)	(1.7279)	(1.8092)
N	10192	10192	7837	6837	5273	3994
adj.R-sq	0.2243	0.2622	0.2761	0.2761	0.2657	0.2560
	RDSpendratio	IGrant	F.IGrant	F.IGrant	F2.IGrant	F3.IGrant
tax	5.2834***					
	(4.5023)					
RDSpendratio		0.0707***	0.0716***	0.0706***	0.0721***	0.0785***
		(3.6957)	(3.2762)	(3.2762)	(3.3355)	(3.5490)
adj.R-sq	0.2243	0.3026	0.3315	0.3315	0.3367	0.3211
	RDSpendratio	UGrant	F.UGrant	F.UGrant	F2.UGrant	F3.UGrant
tax	5.2834***					
	(4.5023)					
RDSpendratio		0.0378	0.0381	0.0281	0.0269	0.0289
		(1.2368)	(0.8930)	(0.8930)	(0.8884)	(0.9244)
adj.R-sq	0.2243	0.2169	0.2213	0.2213	0.2026	0.1994
	RDSpendratio	DGrant	F.DGrant	F.DGrant	F2.DGrant	F3.DGrant
tax	5.2834***					
	(4.5023)					
RDSpendratio		0.0211**	0.0167	0.0157	0.0145	0.0114
		(1.9972)	(1.5469)	(1.5469)	(1.4330)	(1.4683)
adj.R-sq	0.2243	0.0728	0.0870	0.0870	0.0860	0.0880

（3）工具变量（研发人员占比）与企业创新（专利申请数）的 2SLS 回归

本节采用企业研发人员占比（RDPersonratio）作为 tax 的工具变量，采用专利、发明、实用新型及外观设计的申请数（Apply）作为企业创新的替代变量，将企业享受的税收优惠（tax）与 T＋0 期至 T＋4 期的企业创新（专利 Apply、发明 IApply、实用新型 UApply、外观设计 DApply）分别进行 2SLS 回归。此处预期 β_1 显著为正，即企业享受税收优惠可以激励企业进行长期创新。回归的结果见表 5-11。

第一阶段估计结果显示，工具变量 RDPersonratio 系数 7.4842 在 1% 水平上显著为正，同时弱工具变量检验 Cragg_DonaldWaldF 统计量的取值 214.56 远远大于 16.38 的临界值，说明本节选取的工具变量企业研发人员占比（RDPersonratio）通过了弱工具变量检验。

第二阶段回归结果中，税收优惠对企业当期创新（Apply）的回归系数 0.0129 在 10% 的水平上显著，验证了税收优惠对企业创新的正向激励作用；税收优惠对 T＋1 期至 T＋2 期企业创新（Apply）的回归系数均在 10% 水平上显著为正，验证了税收优惠对企业创新的长期激励作用。从 T＋0 期至 T＋4 期，税收优惠对企业长期创新（Apply）回归结果的拟合优度均在 23% 以上，最高为 26.24%。实证结果表明，即使考虑了内生性偏误，税收优惠对企业创新（Apply）存在长期激励效应。税收优惠对企业 T＋0 期至 T＋4 期创新（UApply）的回归系数普遍为正，统计意义不显著，但有显著的经济意义，验证了税收优惠对企业创新的长期激励作用；税收优惠对企业创新（DApply）的回归系数中，只有当期创新的回归系数在 10% 水平上显著为正。税收优惠对企业创新（UApply 与 DApply）的回归系数普遍小于税收优惠对企业创新（IApply）的回归系数，说明税收优惠对企业创新能力的激励效应主要表现为对发明专利（IApply）的激励效应。

整体来看，工具变量企业研发人员占比（RDPersonratio）通过了弱工具变量检验，即使考虑了可能存在的内生性偏误，税收优惠对企业创新有显著的长期效应。通过比较企业税收优惠与 T＋0 期至 T＋4 期的企业创新的 2SLS 回归系数，专利 Apply 与发明 IApply 的回归系数显著为正，普遍高于实用新型 UApply 与外观设计 DApply 的回归系数。企业税收优惠对创新的激励效应主要表现为对发明创新（IApply）的激励效应。

表 5-11 2SLS 实证结果（研发人员与专利申请数）

	第一阶段	第二阶段				
	RDPersonratio	Apply	F.Apply	F.Apply	F2.Apply	F3.Apply
tax	7.4842***					
	(4.0117)					
RDPersonratio		0.0129*	0.0118*	0.0108*	0.0079	0.0057
		(1.9426)	(1.7164)	(1.7164)	(1.2325)	(0.8672)
N	10192	10192	7837	6837	5273	3994
adj.R-sq	0.4437	0.2508	0.2624	0.2624	0.2561	0.2305
	RDPersonratio	IApply	F.IApply	F.IApply	F2.IApply	F3.IApply
tax	7.4842***					
	(4.0117)					
RDPersonratio		0.0180***	0.0163***	0.0153***	0.0129**	0.0098
		(3.3477)	(2.9165)	(2.9165)	(2.1934)	(1.2724)
adj.R-sq	0.4437	0.2638	0.2870	0.2870	0.2743	0.2383
	RDPersonratio	UApply	F.UApply	F.UApply	F2.UApply	F3.UApply
tax	7.4842***					
	(4.0117)					
RDPersonratio		0.0043	0.0061	0.0031	0.0015	−0.0034
		(0.5324)	(0.3729)	(0.3729)	(0.1824)	(−0.7973)
adj.R-sq	0.4437	0.2179	0.2168	0.2168	0.2074	0.2003
	RDPersonratio	DApply	F.DApply	F.DApply	F2.DApply	F3.DApply
tax	7.4842***					
	(4.0117)					
RDPersonratio		0.0048*	0.0055	0.0045	0.0050	0.0051
		(1.7446)	(1.6390)	(1.6390)	(1.4401)	(1.3376)
adj.R-sq	0.4437	0.0741	0.0879	0.0879	0.0936	0.0875

（4）工具变量（研发人员占比）与企业创新（专利授权数）的 2SLS 回归

本节采用企业研发人员占比（RDPersonratio）作为 tax 的工具变量，采用专利、发明、实用新型及外观设计的授权数（Grant）作为企业创新的替代变量，将企业享受的税收优惠（tax）与 T ＋ 0 期至 T ＋ 4 期的企业创新（专利

Grant、发明 IGrant、实用新型 UGrant、外观设计 DGrant）分别进行 2SLS 回归。此处预期 β_1 显著为正，即企业享受税收优惠可以激励企业进行长期创新。回归的结果见表 5-12。

第一阶段估计结果显示，工具变量 RDPersonratio 系数 7.4842 在 1% 水平上显著为正，同时弱工具变量检验 Cragg_DonaldWaldF 统计量的取值 214.56 远远大于 16.38 的临界值，说明本节选取的工具变量企业研发人员占比（RDPersonratio）通过了弱工具变量检验。

第二阶段回归结果中，税收优惠对企业 T＋0 期至 T＋4 期创新（Grant）的回归系数普遍为正，统计意义不显著，但有显著的经济意义，验证了税收优惠对企业创新的长期激励作用。从 T＋0 期至 T＋4 期，税收优惠对企业长期创新（Grant）回归结果的拟合优度均在 24% 以上，最高为 26.35%。

税收优惠对企业当期创新（IGrant）的回归系数 0.0121 在 5% 的水平上显著，验证了税收优惠对企业创新的正向激励作用；税收优惠对 T＋1 期至 T＋2 期企业创新（IGrant）的回归系数均在 5% 水平上显著为正，验证了税收优惠对企业创新的长期激励作用。从 T＋0 期至 T＋4 期，税收优惠对企业长期创新（IGrant）回归结果的拟合优度均在 26% 以上，最高为 29.86%。通过综合比较税收优惠对企业创新（Grant）的回归系数与税收优惠对企业创新（IGrant）的回归系数，税收优惠对企业创新的回归系数（IGrant）都显著为正，说明享受税收优惠对企业创新（IGrant）有长期激励效应；税收优惠对企业创新（IGrant）的回归系数普遍大于税收优惠对企业创新（Grant）的回归系数，税收优惠对企业创新能力的激励效应主要表现为对发明专利（IGrant）的激励效应。

第二阶段回归结果中，税收优惠对企业 T＋0 期至 T＋4 期创新（UGrant 与 DGrant）的回归系数普遍为正，统计意义不显著。税收优惠对企业创新（UGrant 与 DGrant）的回归系数普遍小于税收优惠对企业创新（IGrant）的回归系数，说明税收优惠对企业创新能力的激励效应主要表现为对发明专利（IGrant）的激励效应。

表 5-12　2SLS 实证结果（研发人员与专利授权数）

	第一阶段	第二阶段				
	RDPersonratio	Grant	F.Grant	F.Grant	F2.Grant	F3.Grant
tax	7.4842***					
	(4.0117)					
RDPersonratio		0.0082	0.0078	0.0068	0.0063	0.0052
		(1.2182)	(1.0243)	(1.0243)	(0.8998)	(1.2314)
N	10192	10192	7837	6837	5273	3994
adj.R-sq	0.4437	0.2466	0.2635	0.2635	0.2524	0.2417
	RDPersonratio	IGrant	F.IGrant	F.IGrant	F2.IGrant	F3.IGrant
tax	7.4842***					
	(4.0117)					
RDPersonratio		0.0121**	0.0149**	0.0109**	0.0091*	0.0075
		(2.5271)	(2.3503)	(2.3503)	(1.8603)	(1.3474)
adj.R-sq	0.4437	0.2687	0.2986	0.2986	0.2998	0.2782
	RDPersonratio	UGrant	F.UGrant	F.UGrant	F2.UGrant	F3.UGrant
tax	7.4842***					
	(4.0117)					
RDPersonratio		0.0053	0.0083	0.0043	0.0048	−0.0006
		(0.6506)	(0.5080)	(0.5080)	(0.5530)	(−0.2099)
adj.R-sq	0.4437	0.2101	0.2178	0.2178	0.1993	0.1954
	RDPersonratio	DGrant	F.DGrant	F.DGrant	F2.DGrant	F3.DGrant
tax	7.4842***					
	(4.0117)					
RDSpendratio		0.0211**	0.0167	0.0157	0.0145	0.0114
		(1.9972)	(1.5469)	(1.5469)	(1.4330)	(1.4683)
adj.R-sq	0.4437	0.0693	0.0853	0.0853	0.0844	0.0872

（5）小　结

采用专利申请数与专利授权数作为企业创新的替代变量，企业税收优惠与企业创新的 2SLS 两阶段回归分析的结果是一致的。结果显示，企业税收优惠对当期及长期企业创新均有正向激励作用。其中，税收优惠对发明的激励效应显著大于税收优惠对实用新型及外观设计的激励效应，企业税收优惠对企业创新的激励效应主要表现为对专利创新的激励效应。

第六章 税收优惠与异质性企业创新的实证检验

本章采用 2008—2017 年沪深 A 股上市公司为研究样本，以 T ＋ 0 期至 T ＋ 5 期发明、实用新型、外观设计作为创新的替代变量，通过固定效应模型检验了不同企业性质、不同经济区域、不同生命周期、不同行业、不同规模的情况下税收优惠对企业创新的激励效应，对比了税收优惠对发明、实用新型、外观设计的激励程度的差异性。研究结论为优化税收优惠政策提供了经验支持，有助于进一步改善税收政策效应。

一、研究假设

税收优惠对创新的作用机制是在一定程度上缓解了企业的融资约束。融资约束是影响企业创新的重要因素，创新需要企业持续进行研发投入，企业对创新的资金支持至关重要。与非国有企业、衰退期企业、非高科技行业及小企业相比，国有企业、成长期与成熟期企业、高科技行业及大企业的财务实力相对较强，融资约束相对较少，有更强的实力进行创新；东部区域的企业能够享受到更好的融资服务，融资成本相对更低，外部环境能够显著影响企业创新。据此，提出以下假设。

假设税收优惠对创新存在异质性，国有企业、成长期与成熟期企业、大企业、高科技行业、东部区域的企业创新对税收优惠更敏感。

二、样本选择

此处选取 2008—2017 年沪深 A 股上市公司为研究样本。样本始于 2008 年是由于 2008 年新《中华人民共和国企业所得税法》实施，企业所得税基准税率由 33% 变更为 25%，研发费用加计扣除政策在法律上得以明确规定；样本截止于 2017 年是由于上市公司专利数据的统计截止到 2017 年。此处数据来自 CSMAR 数据库。初始样本观测数为 11 312 个，剔除非标准审计意见的观测值 75 个，剔除退市的观测值 39 个，剔除净利润小于 0 的观测值 543 个，剔除金融行业的观测值 279 个，剔除总负债小于长期负债的观测值 84 个，剔除缺失值 98 个，最终得到样本 10 194 个。此处对相关连续变量进行了上下 1% 的 Winsorize 处理。

三、变量定义

被解释变量：创新。企业创新的衡量方法有很多种，主要分为创新投入与创新产出。创新投入大多采用研发投入占销售收入的比例和研发人员占比，创新产出有专利申请数与授权数，其中专利又可以分为发明专利，外观设计和实用新型专利。此处采用企业专利的申请数与授权数作为创新的替代变量。各变量的具体计算方法为上市公司专利申请数或专利授权数加 1 的自然对数。

解释变量：税收优惠。此处以企业所得税实际税率是否大于 25% 的基准税率为标准，判断企业是否享受税收优惠。本变量的具体计算方法为企业所得税基准税率 25% 与企业所得税实际税率的差值，实际税率为所得税费用与税前利润的商。

为保证回归结果的稳健性，此处选取了权益报酬率、企业规模、资产负债率、长期债务比率、企业成立时间、每股现金净流量、股利支付率、企业性质、地区、行业等控制变量，具体变量定义请见表 4-1。

四、模型设定

为了检验税收优惠对企业长期创新的激励作用，此处设立了以下固定效应模型：

$$Y_{i,\ t+k} = \beta_0 + \beta_1 tax_{i,\ t} + \beta_2 govgrants_{i,\ t} + \beta_3 ROE_{i,\ t} + \beta_4 size_{i,\ t} + \beta_5 lev_{i,\ t}$$
$$+ \beta_6 lev2_{i,\ t} + \beta_7 longdebt_{i,\ t} + \beta_8 age_{i,\ t} + \beta_9 tobinq_{i,\ t}$$
$$+ \beta_{10} cash_{i,\ t} + \beta_{11} DIV_{i,\ t} + \mu_i + \gamma_t + \varepsilon_{it}$$

模型（5）

五、回归结果分析

（一）不同企业性质税收优惠对企业创新的激励效应

CSMAR 数据库中企业性质分为国有企业、民营企业、外资企业与其他企业。此处将民营企业、外资企业与其他企业合并为非国有企业，分别检验不同性质企业享受的税收优惠对企业创新的激励效应。此处分别采用专利、发明、实用新型及外观设计的申请数（Apply）及授权数（Grant）作为企业创新的替代变量，采用 25% 与企业实际税率的差值（tax）及税收优惠绝对值的对数（Tax）作为税收优惠的替代变量，将国企与非国企享受的税收优惠与企业创新分别进行回归。企业创新不仅包含本期创新，还包含长期各期的创新。因篇幅所限，此处采用 T＋0 期至 T＋2 期的创新作为被解释变量，分别与不同性质企业享受的税收优惠进行回归。

（1）企业性质与税收优惠（tax）的激励效应（专利申请数）

本节分别采用专利、发明、实用新型及外观设计的申请数（Apply）作为企业创新的替代变量，采用 25% 与企业实际税率的差值（tax）作为税收优惠的替代变量，将企业享受的税收优惠（tax）与 T＋0 期至 T＋2 期的国企与非国企的创新（专利 Apply、发明 IApply、实用新型 UApply、外观设计 DApply）分别进行回归。此处预期 β_1 显著为正，即企业享受税收优惠可以激励企业进行长期创新。回归的结果见表6-1。

税收优惠对当期国企创新（Apply）的回归系数为0.8376，且在1%的水平上显著，验证了税收优惠对企业创新的正向激励作用；税收优惠对 T＋1 期及 T＋2 期国企创新（Apply）的回归系数为0.4655及0.2881，经济意义显著，但统计意义不显著，可能是由于税收优惠对专利的激励有一定的滞后性；从 T＋0 期至 T＋2 期，税收优惠对国企长期创新（Apply）回归结果的拟合优度均在29%以上，最高为32.68%。税收优惠对 T＋0 期及 T＋2 期非国企创新（Apply）的回归系数均在1%的水平上显著，验证了税收优惠对民营企业及外资企业创新的正向激励作用；从 T＋0 期至 T＋2 期，税收优惠对非国企长期创新（Apply）的回归系数逐年走高，说明税收优惠对民营企业及外资企业的激励具有长期效应，企业享受的税收优惠越多，民营企业及外资企业将有更多的创新产出。从 T＋0 期至 T＋2 期，税收优惠对国企长期创新（Apply）回归结果的拟合优度均在20%以上，最高为21.31%。总体来看，国企税收优惠的激励效应要弱于民营企业与外资企业。可能的原因是国有企业具体"公有产权"的性质，研发创新的积极性较弱，对税收优惠激励的敏感度较小，而民营企业与外资企业为了企业价值最大化有更强的研发意愿，对税收优惠激励的敏感度更高。

税收优惠对当期国企创新（IApply）的回归系数为0.8079，且在1%的水平上显著，验证了税收优惠对企业创新的正向激励作用；税收优惠对 T＋1 期及 T＋2 期国企创新（IApply）的回归系数为0.5639及0.3423，经济意义显著，但统计意义不显著，可能是由于税收优惠对专利的激励有一定的滞后性；从 T＋0 期至 T＋2 期，税收优惠对国企长期创新（IApply）回归结果的拟合优度均在27%以上，最高为31.23%。税收优惠对 T＋0 期及 T＋2 期非国企创新（IApply）的回归系数均在1%的水平上显著，验证了税收优惠对民营企业及外资企业创新的正向激励作用；从 T＋0 期至 T＋2 期，税收优惠对非国企长期创新（IApply）的回归系数逐年走高，说明税收优惠对民营企业及外资企业的激励具有长期效应，企业享受的税收优惠越多，民营企业及外资企业将有更多的创新产出。从 T＋0 期至 T＋2 期，税收优惠对国企长期创新（IApply）回归结果的拟合优度均在 21% 以上，最高为 23.81%。总体来看，国企税收优惠的激励效应要弱于民营企业与外资企业。税收优惠对当期非国企创新（IApply）的回归系数要显著大于税收优惠对当期非国企创新（Apply）的回归系数，说明税收优惠对民营企业及外资企业创新的激励效应主要表现为对发明专利的激励效应。

　税收优惠对当期国企创新（UApply）的回归系数为 0.9459，且在 5% 的水平上显著，大于税收优惠对当期非国企创新（UApply）的回归系数 0.6219；税收优惠对国企与非国企（UApply）T＋1 期至 T＋2 期的回归结果均不显著。从 T＋0 期至 T＋2 期，税收优惠对国企长期创新（UApply）回归结果的拟合优度均在 29% 以上，最高为 30.34%；税收优惠对非国企长期创新（UApply）回归结果的拟合优度均在 17% 以下。税收优惠对企业创新（DApply）的回归结果仅有税收优惠对非国企当期创新（DApply）的回归结果 0.3164 在 5% 的水平上显著，其他回归结果均不显著。

　整体来看，国企税收优惠对企业创新有显著的激励效应，但激励强度明显弱于民营企业与外资企业。民营企业与外资企业当期享受的税收优惠对当期及长期企业创新均有正向激励作用，税收优惠对创新有显著的长期效应。

表 6-1　企业性质与税收优惠（tax）的激励效应（专利申请数）

	国企			非国企		
	Apply	F.Apply	F2.Apply	Apply	F.Apply	F2.Apply
tax	0.8376**	0.4655	0.2881	0.8532***	0.9569***	0.9946***
	(2.0514)	(1.0413)	(0.5389)	(3.0147)	(2.6867)	(2.7461)
N	2873	1853	1450	7319	4984	3823
adj.R-sq	0.2938	0.3104	0.3268	0.2079	0.2131	0.2033

	IApply	F.IApply	F2.IApply	IApply	F.IApply	F2.IApply
tax	0.8079*	0.5639	0.3423	1.1001***	1.1817***	1.2157***
	(1.8471)	(1.2379)	(0.6137)	(4.8632)	(3.9717)	(3.6969)
adj.R-sq	0.2790	0.3094	0.3123	0.2186	0.2381	0.2249
	UApply	F.UApply	F2.UApply	UApply	F.UApply	F2.UApply
tax	0.9459**	0.6203	0.4288	0.6219*	0.6688	0.6792
	(2.3995)	(1.2235)	(0.7154)	(1.8518)	(1.6352)	(1.5834)
adj.R-sq	0.2972	0.2928	0.3034	0.1657	0.1638	0.1521
	DApply	F.DApply	F2.DApply	DApply	F.DApply	F2.DApply
tax	0.1799	−0.0972	0.3632	0.3164**	0.2287	0.2484
	(0.5087)	(−0.2286)	(0.8287)	(2.1363)	(1.2067)	(1.0982)
adj.R-sq	0.1388	0.1812	0.1899	0.0550	0.0576	0.0629

（2）企业性质与税收优惠（tax）的激励效应（专利授权数）

本节分别采用专利、发明、实用新型及外观设计的授权数（Grant）作为企业创新的替代变量，采用25%与企业实际税率的差值（tax）作为税收优惠的替代变量，将企业享受的税收优惠（tax）与 T＋0 期至 T＋2 期的国企与非国企的创新（专利 Grant、发明 IGrant、实用新型 UGrant、外观设计 DGrant）分别进行回归。此处预期 β_1 显著为正，即企业享受税收优惠可以激励企业进行长期创新。回归的结果见表 6-2。

税收优惠对当期国企创新（Grant）的回归系数为 0.7032，且在 10% 的水平上显著，验证了税收优惠对企业创新的正向激励作用；税收优惠对 T＋1 期及 T＋2 期国企创新（Grant）的回归系数为 0.3533 及 0.5482，经济意义显著，但统计意义不显著，可能是由于税收优惠对专利的激励有一定的滞后性；从 T＋0 期至 T＋2 期，税收优惠对国企长期创新（Grant）回归结果的拟合优度均在 31% 以上，最高为 34.76%。税收优惠对 T＋0 期及 T＋1 期非国企创新（Grant）的回归系数均在 10% 的水平上显著，税收优惠对 T＋2 期非国企创新（Grant）的回归系数在 5% 的水平上显著验证了税收优惠对民营企业及外资企业创新的正向激励作用；从 T＋0 期至 T＋2 期，税收优惠对非国企长期创新（Grant）的回归系数逐年走高，说明税收优惠对民营企业及外资企业的激励具有长期效应，企业享受的税收优惠越多，民营企业及外资企业将有更多的创新产出。从 T＋0 期至 T＋2 期，税收优惠对国企长期创新（Grant）回归结果的拟合优度均在 19% 以上，最高为 20.71%。总体来看，国企税收优惠的激励效应要弱于民营企业与外资企业。可能的原因是国有企业具体"公有产权"的性质，研发创新的积极性较弱，对税收优惠激励的敏感度较小，而民营企业与外资企业为了企业价值最大化有更强的研发意愿，对税收优惠激励的敏感度更高。

税收优惠对当期国企创新（IGrant）的回归系数均为正，经济意义显著，但统计意义不显著，可能是由于税收优惠对专利的激励有一定的滞后性；从 T＋0 期至 T＋2 期，税收优惠对国企长期创新（IGrant）回归结果的拟合优度均在 29% 以上，最高为 34.87%。税收优惠对 T＋0 期及 T＋2 期非国企创新（IGrant）的回归系数均在 1% 的水平上显著，验证了税收优惠对民营企业及外资企业创新的正向激励作用；从 T＋0 期至 T＋2 期，税收优惠对非国企长期创新（IGrant）的回归系数逐年走高，说明税收优惠对民营企业及外资企业的激励具有长期效应，企业享受的税收优惠越多，民营企业及外资企业将有更多的创新产出。从 T＋0 期至 T＋2 期，税收优惠对国企长期创新（IGrant）回归结果的拟合优度均在 21% 以上，最高为 23.96%。总体来看，国企税收优惠的激励效应要弱于民营企业与外资企业。税收优惠对当期非国企创新（IGrant）的回归系数要显著大于税收优惠对当期非国企创新（Grant）的回归系数，说明税收优惠对民营企业及外资企业创新的激励效应主要表现为对发明专利的激励效应。

税收优惠对当期国企创新（UGrant）的回归系数为 0.9331，且在 5% 的水平上显著，大于税收优惠对当期非国企创新（UGrant）的回归系数 0.5637；税收优惠对国企（UGrant）T＋1 期至 T＋2 期的回归结果均不显著。从 T＋0 期至 T＋2 期，税收优惠对国企长期创新（UGrant）回归结果的拟合优度均在 29% 以上，最高为 29.70%；税收优惠对非国企（UGrant）T＋0 期及 T＋2 期的回归结果在 10% 水平上显著为正；税收优惠对非国企长期创新（UGrant）回归结果的拟合优度均在 17% 以下。税收优惠对企业创新（DGrant）的回归结果仅有税收优惠对非国企 T＋1 期及 T＋2 期创新（DGrant）的回归结果显著为正，其他回归结果均不显著。

整体来看，国企税收优惠对企业创新有显著的激励效应，但激励强度明显弱于民营企业与外资企业。民营企业与外资企业当期享受的税收优惠对当期及长期企业创新均有正向激励作用，税收优惠对创新有显著的长期效应。

表 6-2　企业性质与税收优惠（tax）的激励效应（专利授权数）

	国企			非国企		
	Grant	F.Grant	F2.Grant	Grant	F.Grant	F2.Grant
tax	0.7032*	0.3533	0.5482	0.6288*	0.7306*	0.9050**
	(1.7742)	(0.7805)	(1.0227)	(1.9628)	(1.9108)	(2.2783)
N	2873	1853	1450	7319	4984	3823
adj.R-sq	0.3176	0.3336	0.3476	0.1956	0.2071	0.1906
	IGrant	F.IGrant	F2.IGrant	IGrant	F.IGrant	F2.IGrant
tax	0.5206	0.2565	0.5367	0.7786***	0.8344***	0.8172***
	(1.5193)	(0.5913)	(1.0321)	(3.8370)	(3.3712)	(3.2610)
adj.R-sq	0.2951	0.3335	0.3487	0.2177	0.2396	0.2376
	UGrant	F.UGrant	F2.UGrant	UGrant	F.UGrant	F2.UGrant
tax	0.9331**	0.5548	0.7083	0.5637*	0.6401	0.7365*
	(2.1620)	(1.0556)	(1.1236)	(1.6800)	(1.6248)	(1.8046)
adj.R-sq	0.2970	0.2924	0.2970	0.1558	0.1647	0.1447
	DGrant	F.DGrant	F2.DGrant	DGrant	F.DGrant	F2.DGrant
tax	0.1480	−0.0388	0.3017	0.2292	0.3258*	0.4749**
	(0.4473)	(−0.0980)	(0.6959)	(1.5715)	(1.7998)	(2.0590)
adj.R-sq	0.1320	0.1779	0.1853	0.0508	0.0570	0.0549

（3）企业性质与税收优惠（Tax）的激励效应（专利申请数）

本节分别采用专利、发明、实用新型及外观设计的申请数（Apply）作为企业创新的替代变量，采用税收优惠绝对值的对数（Tax）作为税收优惠的替代变量，将企业享受的税收优惠（Tax）与 T＋0 期至 T＋2 期的国企与非国企的创新（专利 Apply、发明 IApply、实用新型 UApply、外观设计 DApply）分别进行回归。此处预期 β_1 显著为正，即企业享受税收优惠可以激励企业进行长期创新。回归的结果见表 6-3。

税收优惠对当期国企创新（Apply）的回归系数为 0.1429，且在 1% 的水平上显著，验证了税收优惠对企业创新的正向激励作用；税收优惠对 T＋1 期及 T＋2 期国企创新（Apply）的回归系数为 0.1145 及 0.1137，经济意义显著，但统计意义不显著，可能是由于税收优惠对专利的激励有一定的滞后性；从 T＋0 期至 T＋2 期，税收优惠对国企长期创新（Apply）回归结果的拟合优度均在 30% 以上，最高为 33%。税收优惠对 T＋0 期及 T＋2 期非国企创新（Apply）的回归系数均在 1% 的水平上显著，验证了税收优惠对民营企业及外资企业创新的正向激励作用；从 T＋0 期至 T＋2 期，税收优惠（Tax）对非国企长期创新（Apply）的回归系数逐年走高，说明税收优惠对民营企业及外资企业的激励具有长期效应，企业享受的税收优惠越多，民营企业及外资企业将有更多的创新产出。从 T＋0 期至 T＋2 期，税收优惠对国企长期创新（Apply）回归结果的拟合优度均在 22% 以上，最高为 23.75%。总体来看，国企税收优惠的激励效应要弱于民营企业与外资企业。可能的原因是国有企业具体"公有产权"的性质，研发创新的积极性较弱，对税收优惠激励的敏感度较小，而民营企业与外资企业为了企业价值最大化有更强的研发意愿，对税收优惠激励的敏感度更高。

税收优惠对当期国企创新（IApply）的回归系数为 0.1636，且在 5% 的水平上显著，验证了税收优惠对企业创新的正向激励作用；税收优惠对 T＋1 期国企创新（IApply）的回归系数为 0.1416，且在 5% 的水平上显著，税收优惠对 T＋2 期国企创新（IApply）的回归系数为 0.1268，且在 10% 的水平上显著，验证了税收优惠对国企创新的长期激励作用从 T＋0 期至 T＋2 期，税收优惠对国企长期创新（IApply）回归结果的拟合优度均在 29% 以上，最高为 32.15%。税收优惠对 T＋0 期及 T＋2 期非国企创新（IApply）的回归系数均在 1% 的水平上显著，验证了税收优惠对民营企业及外资企业创新的长期激励作用；从 T＋0 期至 T＋2 期，税收优惠对非国企长期创新（IApply）的回归系数逐年走高，说明税收优惠对民营企业及外资企业的激励具有长期效应，企业享受的税收优惠越多，民营企业及外资企业将有更多的创新产出。从 T＋0 期至 T＋2 期，税收优惠对国企长期创新（IApply）回归结果的拟合优度均在 24% 以上，最高为 26.31%。总体来看，国企税收优惠的激励效应要弱于民营企业与外资企业。税收优惠对当期非国企创新（IApply）的回归系数要显著大于税收优惠对当期非国企创新（Apply）的回归系数，说明税收优惠对民营企业及外资企业创新的激励效应主要表现为对发明专利的激励效应。

税收优惠对当期国企创新（UApply）的回归系数为 0.1389，且在 5% 的水平上显著；税收优惠对国企（UApply）T＋1 期至 T＋2 期的回归结果均不显著。从 T＋0 期至 T＋2 期，税收优惠对国企长期创新（UApply）回归结果的拟合优度均在 29% 以上，最高为 30.34%。税收优惠对当期及 T＋1 期非国企创新（UApply）的回归系数均不显著；税收优惠对非国企（UApply）T＋2 期的回归结果在 10% 水平上显著为正。税收优惠对非国企长期创新（UApply）回归结果的拟合优度均在 18% 以下。税收优惠对企业创新（DApply）的回归结果仅有税收优惠对非国企当期创新（DApply）的回归结果 0.0426 在 10% 的水平上显著，其他回归结果均不显著。

整体来看，国企税收优惠对企业创新有显著的激励效应，但激励强度明显弱于民营企业与外资企业。民营企业与外资企业当期享受的税收优惠对当期及长期企业创新均有正向激励作用，税收优惠对创新有显著的长期效应。

表 6-3 企业性质与税收优惠（Tax）的激励效应（专利申请数）

	国企			非国企		
	Apply	F.Apply	F2.Apply	Apply	F.Apply	F2.Apply
Tax	0.1429**	0.1145	0.1137	0.1375***	0.1371***	0.1782***
	(2.1517)	(1.6598)	(1.5774)	(3.1572)	(2.8874)	(3.4923)
N	2197	1484	1163	6498	4494	3444
adj.R-sq	0.3009	0.3182	0.3300	0.2277	0.2375	0.2254

续表

	IApply	F.IApply	F2.IApply	IApply	F.IApply	F2.IApply
Tax	0.1636**	0.1416**	0.1268*	0.1904***	0.1685***	0.2060***
	(2.4778)	(2.2317)	(1.7878)	(5.6183)	(4.4620)	(4.9334)
adj.R-sq	0.2918	0.3202	0.3215	0.2432	0.2631	0.2479
	UApply	F.UApply	F2.UApply	UApply	F.UApply	F2.UApply
Tax	0.1389**	0.1076	0.1249	0.0856	0.0919	0.1101*
	(2.1965)	(1.4591)	(1.6416)	(1.5939)	(1.5716)	(1.7640)
adj.R-sq	0.2963	0.2959	0.3034	0.1787	0.1784	0.1675
	DApply	F.DApply	F2.DApply	DApply	F.DApply	F2.DApply
Tax	0.0879	0.0631	0.0864	0.0426*	0.0241	0.0179
	(1.3356)	(0.9354)	(1.1797)	(1.8959)	(0.7629)	(0.4677)
adj.R-sq	0.1550	0.1981	0.2072	0.0589	0.0615	0.0667

（4）企业性质与税收优惠（Tax）的激励效应（专利授权数）

本节分别采用专利、发明、实用新型及外观设计的授权数（Grant）作为企业创新的替代变量，采用税收优惠绝对值对数（Tax）作为税收优惠的替代变量，将企业享受的税收优惠（Tax）与 T＋0 期至 T＋2 期的国企与非国企的创新（专利 Grant、发明 IGrant、实用新型 UGrant、外观设计 DGrant）分别进行回归。此处预期 β_1 显著为正，即企业享受税收优惠可以激励企业进行长期创新。回归的结果见表 6-4。

税收优惠对当期国企创新（Grant）的回归系数为 0.1286，且在 5% 的水平上显著，验证了税收优惠对企业创新的正向激励作用；税收优惠对 T＋1 期及 T＋2 期国企创新（Grant）的回归系数为 0.0757 及 0.0825，经济意义显著，但统计意义不显著，可能是由于税收优惠对专利的激励有一定的滞后性；从 T＋0 期至 T＋2 期，税收优惠对国企长期创新（Grant）回归结果的拟合优度均在 32% 以上，最高为 34.68%。

税收优惠对 T＋0 期及 T＋1 期非国企创新（Grant）的回归系数均在 5% 的水平上显著，验证了税收优惠对民营企业及外资企业创新的长期激励作用；税收优惠对 T＋2 期非国企创新（Grant）的回归系数 0.0726 统计意义不显著。

从 T＋0 期至 T＋2 期，税收优惠对国企长期创新（Grant）回归结果的拟合优度均在 21% 以上，最高为 22.66%。总体来看，国企税收优惠的激励效应要弱于民营企业与外资企业。

税收优惠对当期国企创新（IGrant）的回归系数为 0.1382，且在 5% 水平上显著，税收优惠对 T＋1 期国企创新（IGrant）的回归系数为 0.0988，且在 10% 水平上显著；从 T＋0 期至 T＋2 期，税收优惠对国企长期创新（IGrant）回归结果的拟合优度均在 31% 以上，最高为 35.29%。税收优惠对 T＋0 期及 T＋1 期非国企创新（IGrant）的回归系数均在 1% 的水平上显著，税收优惠对 T＋2 期非国企创新（IGrant）的回归系数均在 5% 的水平上显著，验证了税收优惠对民营企业及外资企业创新的长期激励作用。从 T＋0 期至 T＋2 期，税收优惠对国企长期创新（IGrant）回归结果的拟合优度均在 24% 以上，最高为 26.20%。总体来看，国企税收优惠的激励效应要弱于民营企业与外资企业。税收优惠对当期非国企创新（IGrant）的回归系数要显著大于税收优惠对当期非国企创新（Grant）的回归系数，说明税收优惠对民营企业及外资企业创新的激励效应主要表现为对发明专利的激励效应。

税收优惠对当期国企创新（UGrant）的回归系数为 0.1317，且在 5% 的水平上显著，大于税收优惠对当期非国企创新（UGrant）的回归系数 0.0961；税收优惠对国企与非国企（UGrant）T＋1 期至 T＋2 期的回归结果均不显著。从 T＋0 期至 T＋2 期，税收优惠对国企长期创新（UGrant）回归结果的拟合优度均在 28% 以上，最高为 30.01%；税收优惠对非国企（UGrant）T＋0 期及 T＋2 期的回归结果在 10% 水平上显著为正；税收优惠对非国企长期创新（UGrant）回归结果的拟合优度均在 18% 以下。税收优惠对企业创新（DGrant）的回归结果仅有税收优惠对国企当期创新（DGrant）的回归结果显著为正，其他回归结果均不显著。

整体来看，国企税收优惠对企业创新有显著的激励效应，但激励强度明显弱于民营企业与外资企业。民营企业与外资企业当期享受的税收优惠对当期及长期企业创新均有正向激励作用，税收优惠对创新有显著的长期效应。

（5）小　结

在 T＋0 期至 T＋2 期期间，税收优惠（tax）对不同性质的企业创新的回归结果与税收优惠（Tax）对不同性质的企业创新的回归结果是一致的。回归结果显示，企业享受的税收优惠对当期及长期企业创新均有正向激励作用，国企税收优惠的激励效应显著低于民营企业与外资企业。税收优惠对民营企业及外资企业的创新有显著的长期效应，其中，税收优惠对专利及发明的激励效应显著大于税收优惠对实用新型及外观设计的激励效应，税收优惠对民营企业及外资企业的创新激励效应主要为对发明的激励效应。

表 6-4　企业性质与税收优惠（Tax）的激励效应（专利授权数）

	国企			非国企		
	Grant	F.Grant	F2.Grant	Grant	F.Grant	F2.Grant
Tax	0.1286**	0.0757	0.0825	0.1143**	0.0726	0.1112**
	(2.1380)	(1.0991)	(1.1975)	(2.2821)	(1.4175)	(2.0840)
N	2197	1484	1163	6498	4494	3444
adj.R-sq	0.3298	0.3347	0.3468	0.2160	0.2266	0.2142
	IGrant	F.IGrant	F2.IGrant	IGrant	F.IGrant	F2.IGrant
Tax	0.1382**	0.0988*	0.0803	0.1338***	0.1079***	0.0946**
	(2.4705)	(1.7280)	(1.3197)	(4.2363)	(3.1758)	(2.4591)
adj.R-sq	0.3130	0.3329	0.3529	0.2404	0.2603	0.2620
	UGrant	F.UGrant	F2.UGrant	UGrant	F.UGrant	F2.UGrant
Tax	0.1317**	0.1004	0.0854	0.0961*	0.0594	0.1125*
	(2.1787)	(1.2707)	(1.1170)	(1.8316)	(1.0619)	(1.9506)
adj.R-sq	0.3001	0.2946	0.2893	0.1716	0.1792	0.1613
	DGrant	F.DGrant	F2.DGrant	DGrant	F.DGrant	F2.DGrant
Tax	0.1049*	0.0696	0.0896	0.0288	0.0186	0.0233
	(1.6887)	(0.9461)	(1.2297)	(1.1488)	(0.6042)	(0.5914)
adj.R-sq	0.1486	0.1899	0.2072	0.0543	0.0607	0.0577

（二）不同经济区域税收优惠对企业创新的激励效应

经济区域分为东部、中部、西部及东北地区。由于东部企业数量占比72%，绝大多数企业都地处东部，此处将中部、西部及东北地区合并为东部以外区域。此处分别采用专利、发明、实用新型及外观设计的申请数（Apply）及授权数（Grant）作为企业创新的替代变量，采用25%与企业实际税率的差值（tax）及税收优惠绝对值的对数（Tax）作为税收优惠的替代变量，将不同经济区域企业享受的税收优惠与企业创新分别进行回归。企业创新不仅包含本期创新，还包含长期各期的创新。因篇幅所限，此处采用 T＋0 期至 T＋2 期的创新作为被解释变量，分别与不同经济区域企业享受的税收优惠进行回归。

（1）经济区域与税收优惠（tax）的激励效应（专利申请数）

本节分别采用专利、发明、实用新型及外观设计的申请数（Apply）作为企业创新的替代变量，采用25%与企业实际税率的差值（tax）作为税收优惠的替代变量，将企业享受的税收优惠（tax）与 T＋0 期至 T＋2 期的不同经济区域的企业创新（专利 Apply、发明 IApply、实用新型 UApply、外观设计 DApply）分别进行回归。此处预期 β_1 显著为正，即企业享受税收优惠可以激励企业进行长期创新。回归的结果见表6-5。

税收优惠对东部企业当期创新（Apply）的回归系数为0.9277，且在1%的水平上显著，验证了税收优惠对企业创新的正向激励作用；税收优惠对 T＋1 期东部企业创新（Apply）的回归系数1.0788 在5%的水平上显著，税收优惠对 T＋2 期东部企业创新（Apply）的回归系数0.9062 在1%的水平上显著，验证了税收优惠对东部企业创新的长期激励作用。从 T＋0 期至 T＋2 期，税收优惠对东部企业长期创新（Apply）回归结果的拟合优度均在27%以上，最高为27.97%。从 T＋0 期至 T＋2 期，税收优惠对东部企业长期创新（Apply）的回归系数逐年走高，说明税收优惠对东部企业的创新激励具有长期效应，企业享受的税收优惠越多，创新产出越多。税收优惠对 T＋0 期东部以外企业创新（Apply）的回归系数0.7462 在5%水平上显著，税收优惠对 T＋1 期及

T＋2 期东部以外企业创新（Apply）的回归系数均不显著。从 T＋0 期至 T＋2 期，税收优惠对东部以外企业长期创新（Apply）回归结果的拟合优度均在 22% 以上，最高为 25.07%。总体看来，东部企业税收优惠对创新的激励效应明显高于中部、西部及东北地区的税收激励效应。可能的原因是东部区域经济更为发达，创新成果更容易转化为企业的盈利能力，企业有更强的研发意愿，企业创新对税收优惠的敏感度更高。

税收优惠对东部企业创新（IApply）T＋0 期至 T＋2 期的回归系数均在 1% 的水平上显著，验证了税收优惠对企业创新的正向激励作用。从 T＋0 期至 T＋2 期，税收优惠对东部企业长期创新（IApply）的回归系数逐年走高，说明税收优惠对东部企业的激励具有长期效应，企业享受的税收优惠越多，创新产出越多。从 T＋0 期至 T＋2 期，税收优惠对东部企业长期创新（IApply）回归结果的拟合优度均在 28% 以上，最高为 30.47%。税收优惠对 T＋0 期东部以外企业创新（IApply）的回归系数 0.7095 在 1% 水平上显著，税收优惠对 T＋1 期东部以外企业创新（IApply）的回归系数 0.5421 在 10% 水平上显著，税收优惠对 T＋2 期东部以外企业创新（IApply）的回归系数均不显著。从 T＋0 期至 T＋2 期，税收优惠对东部以外企业长期创新（IApply）回归结果的拟合优度均在 22% 以上，最高为 26.97%。总体看来，东部企业税收优惠对创新（IApply）的激励效应明显高于中部、西部及东北地区的税收激励效应。税收优惠对东部企业发明创新（IApply）的回归系数明显大于税收优惠对东部企业专利创新（Apply）的回归系数，说明东部企业税收优惠对企业创新的激励效应主要表现为对专利创新（Apply）的激励效应。

税收优惠对东部企业创新（UApply）T＋0 期至 T＋1 的回归系数在 10% 的水平上显著；税收优惠对东部企业（UApply）T＋2 期的回归结果不显著。从 T＋0 期至 T＋2 期，税收优惠对东部企业长期创新（UApply）回归结果的拟合优度均在 22% 以上，最高为 23.02%；税收优惠对东部以外企业（UApply）T＋0 期的回归结果在 5% 水平上显著为正；税收优惠对东部以外企业长期创新（UApply）回归结果的拟合优度均在 22% 以下。税收优惠对东部企业创新

（DApply）的回归结果仅有税收优惠对东部企业 T ＋ 2 期创新（DApply）的回归结果显著为正，其他回归结果均不显著。

整体来看，东部企业税收优惠对企业创新有显著的激励效应，激励强度明显强于东部以外企业。东部企业当期享受的税收优惠对当期及长期企业创新均有正向激励作用，税收优惠对创新有显著的长期效应。

表 6-5　经济区域与税收优惠（tax）的激励效应（专利申请数）

	东部			东部以外区域		
	Apply	F.Apply	F2.Apply	Apply	F.Apply	F2.Apply
tax	0.9277***	1.0788**	0.9062***	0.7642**	0.3652	0.3707
	(2.7424)	(2.6206)	(2.6868)	(2.4882)	(1.1036)	(0.8958)
N	7041	4775	3683	3151	2062	1590
adj.R-sq	0.2701	0.2780	0.2797	0.2211	0.2507	0.2290
	IApply	F.IApply	F2.IApply	IApply	F.IApply	F2.IApply
tax	1.1671***	1.2453***	1.0353***	0.7095***	0.5421*	0.5670
	(3.5884)	(3.4262)	(3.3647)	(2.7857)	(1.8910)	(1.4904)
adj.R-sq	0.2801	0.3047	0.3009	0.2245	0.2697	0.2429
	UApply	F.UApply	F2.UApply	UApply	F.UApply	F2.UApply
tax	0.6831*	0.8001*	0.5940	0.8766**	0.4591	0.5328
	(1.8917)	(1.7654)	(1.4161)	(2.3991)	(1.0312)	(1.0076)
adj.R-sq	0.2302	0.2237	0.2202	0.2113	0.2220	0.1965
	DApply	F.DApply	F2.DApply	DApply	F.DApply	F2.DApply
tax	0.2710	0.3346	0.4957*	0.3293	−0.1573	−0.0176
	(1.2761)	(1.3159)	(1.8454)	(1.4111)	(−0.6296)	(−0.0521)
adj.R-sq	0.0746	0.0810	0.0936	0.0777	0.1214	0.1163

（2）经济区域与税收优惠（tax）的激励效应（专利授权数）

本节分别采用专利、发明、实用新型及外观设计的授权数（Grant）作为企业创新的替代变量，采用 25% 与企业实际税率的差值（tax）作为税收优惠的替代变量，将企业享受的税收优惠（tax）与 T ＋ 0 期至 T ＋ 2 期的不同经济区域的企业创新（专利 Grant、发明 IGrant、实用新型 UGrant、外观设计 DGrant）

分别进行回归。此处预期 β_1 显著为正，即企业享受税收优惠可以激励企业进行长期创新。回归的结果见表 6-6。

　　税收优惠对东部企业当期创新（Grant）的回归系数为 0.6526，且在 10% 的水平上显著，验证了税收优惠对企业创新的正向激励作用；税收优惠对 T＋1 期东部企业创新（Grant）的回归系数 0.7504 在 10% 的水平上显著，税收优惠对 T＋2 期东部企业创新（Grant）的回归系数 0.9176 在 5% 的水平上显著，验证了税收优惠对东部企业创新的长期激励作用。从 T＋0 期至 T＋2 期，税收优惠对东部企业长期创新（Grant）回归结果的拟合优度均在 26% 以上，最高为 27.42%。从 T＋0 期至 T＋2 期，税收优惠对东部企业长期创新（Grant）的回归系数逐年走高，说明税收优惠对东部企业的创新激励具有长期效应，企业享受的税收优惠越多，创新产出越多。税收优惠对 T＋0 期东部以外企业创新（Grant）的回归系数 0.7162 在 5% 水平上显著，税收优惠对 T＋1 期及 T＋2 期东部以外企业创新（Grant）的回归系数均不显著。从 T＋0 期至 T＋2 期，税收优惠对东部以外企业长期创新（Grant）回归结果的拟合优度均在 22% 以上，最高为 26.53%。总体看来，东部企业税收优惠对创新的激励效应明显高于中部、西部及东北地区的税收激励效应。可能的原因是东部区域经济更为发达，创新成果更容易转化为企业的盈利能力，企业有更强的研发意愿，企业创新对税收优惠的敏感度更高。

　　税收优惠对东部企业创新（IGrant）T＋0 期至 T＋2 期的回归系数均在 1% 的水平上显著，验证了税收优惠对企业创新的正向激励作用。从 T＋0 期至 T＋2 期，税收优惠对东部企业长期创新（IGrant）的回归系数逐年走高，说明税收优惠对东部企业的创新激励具有长期效应，企业享受的税收优惠越多，创新产出越多。从 T＋0 期至 T＋2 期，税收优惠对东部企业长期创新（IGrant）回归结果的拟合优度均在 29% 以上，最高为 33.11%。税收优惠对 T＋0 期东部以外企业创新（IGrant）的回归系数 0.5290 在 5% 水平上显著，税收优惠对 T＋1 期及 T＋2 期东部以外企业创新（IGrant）的回归系数均不显著。从 T＋0 期至 T＋2 期，税收优惠对东部以外企业长期创新（IGrant）

回归结果的拟合优度均在 22% 以上，最高为 28.45%。总体看来，东部企业税收优惠对创新（IGrant）的激励效应明显高于中部、西部及东北地区的税收激励效应。税收优惠对东部企业发明创新（IGrant）的回归系数明显大于税收优惠对东部企业专利创新（Grant）的回归系数，说明东部企业税收优惠对企业创新的激励效应主要表现为对专利创新（Grant）的激励效应。

税收优惠对东部企业创新（UGrant）T＋0 期至 T＋2 的回归系数在 10% 的水平上显著；税收优惠对东部企业（UGrant）T＋1 期的回归结果不显著。从 T＋0 期至 T＋2 期，税收优惠对东部企业长期创新（UGrant）回归结果的拟合优度均在 20% 以上，最高为 22.28%；税收优惠对东部以外企业（UGrant）T＋0 期的回归结果在 5% 水平上显著为正；税收优惠对东部以外企业长期创新（UGrant）回归结果的拟合优度均在 19% 以上，最高为 22.39%。税收优惠对东部企业创新（DGrant）的回归结果仅有税收优惠对东部企业 T＋2 期创新（DGrant）的回归结果显著为正，其他回归结果均不显著。

整体来看，东部企业税收优惠对企业创新有显著的激励效应，激励强度明显强于东部以外企业。东部企业当期享受的税收优惠对当期及长期企业创新均有正向激励作用，税收优惠对创新有显著的长期效应。

表 6-6　经济区域与税收优惠（tax）的激励效应（专利授权数）

	东部			东部以外区域		
	Grant	F.Grant	F2.Grant	Grant	F.Grant	F2.Grant
tax	0.6526*	0.7504*	0.9176**	0.7162**	0.4201	0.5031
	(1.8689)	(1.8331)	(2.6482)	(2.4475)	(1.1806)	(1.1529)
N	7041	4775	3683	3151	2062	1590
adj.R-sq	0.2643	0.2742	0.2718	0.2259	0.2653	0.2334
	IGrant	F.IGrant	F2.IGrant	IGrant	F.IGrant	F2.IGrant
tax	0.7549***	0.8117***	0.8929***	0.5290**	0.3494	0.3828
	(3.4204)	(2.7324)	(3.0653)	(2.3938)	(1.3346)	(1.2168)
adj.R-sq	0.2904	0.3151	0.3311	0.2269	0.2845	0.2562

	UGrant	F.UGrant	F2.UGrant	UGrant	F.UGrant	F2.UGrant
tax	0.6471*	0.7323	0.7244*	0.8355**	0.4565	0.7291
	(1.7305)	(1.6627)	(1.8065)	(2.3037)	(1.0194)	(1.3515)
adj.R-sq	0.2198	0.2228	0.2095	0.2070	0.2239	0.1957
	DGrant	F.DGrant	F2.DGrant	DGrant	F.DGrant	F2.DGrant
tax	0.1552	0.3634	0.5990**	0.3361	0.0220	0.1142
	(0.7346)	(1.4999)	(2.1932)	(1.5537)	(0.0957)	(0.3411)
adj.R-sq	0.0694	0.0785	0.0824	0.0766	0.1205	0.1069

（3）经济区域与税收优惠（Tax）的激励效应（专利申请数）

本节分别采用专利、发明、实用新型及外观设计的申请数（Apply）作为企业创新的替代变量，采用税收优惠绝对值对数（Tax）作为税收优惠的替代变量，将企业享受的税收优惠（Tax）与 T＋0 期至 T＋2 期的不同经济区域的企业创新（专利 Apply、发明 IApply、实用新型 UApply、外观设计 DApply）分别进行回归。此处预期 β_1 显著为正，即企业享受税收优惠可以激励企业进行长期创新。回归的结果见表 6-7。

税收优惠对东部企业当期创新（Apply）的回归系数为 0.1529，且在 1% 的水平上显著，验证了税收优惠对企业创新的正向激励作用；税收优惠对 T＋1 期及 T＋2 期东部企业创新（Apply）的回归系数均 1% 的水平上显著，验证了税收优惠对东部企业创新的长期激励作用。从 T＋0 期至 T＋2 期，税收优惠对东部企业长期创新（Apply）回归结果的拟合优度均在 28% 以上，最高为 29.64%。从 T＋0 期至 T＋2 期，税收优惠对东部企业长期创新（Apply）的回归系数逐年走高，说明税收优惠对东部企业的创新激励具有长期效应，企业享受的税收优惠越多，创新产出越多。税收优惠对 T＋0 期及 T＋2 期东部以外企业创新（Apply）的回归系数均在 5% 水平上显著，税收优惠对 T＋1 期东部以外企业创新（Apply）的回归系数不显著。从 T＋0 期至 T＋2 期，税收优惠对东部以外企业长期创新（Apply）回归结果的拟合优度均在 22% 以上，最高为 25.83%。总体看来，东部企业税收优惠对创新的激励效应明显高于中部、西部及东北地区的税收激励效应。可能的原因是东部区域经济更为发达，创新成果更容易转化为企业的盈利能力，企业有更强的研发意愿，企业创新对税收优惠的敏感度更高。

税收优惠对东部企业创新（IApply）T＋0期至T＋2期的回归系数均在1%的水平上显著，验证了税收优惠对企业创新的长期激励作用。税收优惠对东部以外企业创新（IApply）T＋0期至T＋2期的回归系数均在1%的水平上显著，验证了税收优惠对企业创新的长期激励作用。总体看来，东部企业税收优惠对创新（IApply）的激励效应与中部、西部及东北地区的税收激励效应基本持平。税收优惠对东部企业及东部以外企业发明创新（IApply）的回归系数明显大于税收优惠对专利创新（Apply）的回归系数，说明企业税收优惠对企业创新的激励效应主要表现为对专利创新（Apply）的激励效应。

税收优惠对东部企业创新（UApply）T＋0期至T＋1的回归系数在10%的水平上显著；税收优惠对东部企业（UApply）T＋2期的回归结果不显著。税收优惠对东部以外企业（UApply）T＋0期及T＋2期的回归结果在10%水平上显著为正；税收优惠对东部以外企业长期创新（UApply）回归结果的拟合优度均在22%以下。税收优惠对东部企业创新（DApply）的回归结果仅有税收优惠对东部企业当期创新（DApply）的回归结果显著为正，其他回归结果均不显著。

整体来看，东部企业税收优惠对企业创新有显著的激励效应，激励强度明显强于东部以外企业。东部企业当期享受的税收优惠对当期及长期企业创新均有正向激励作用，税收优惠对创新有显著的长期效应。

表6-7 经济区域与税收优惠（Tax）的激励效应（专利申请数）

	东部			东部以外区域		
	Apply	F.Apply	F2.Apply	Apply	F.Apply	F2.Apply
Tax	0.1529***	0.1540***	0.1542***	0.1264**	0.0949	0.1574***
	(3.4388)	(3.0556)	(3.0424)	(2.2169)	(1.4625)	(2.6822)
N	6101	4211	3249	2594	1767	1358
adj.R-sq	0.2849	0.2964	0.2960	0.2241	0.2583	0.2299

续表

	IApply	F.IApply	F2.IApply	IApply	F.IApply	F2.IApply
Tax	0.1843***	0.1671***	0.1627***	0.1853***	0.1555***	0.2058***
	(5.3530)	(4.8260)	(4.5346)	(3.9463)	(3.0920)	(3.7998)
adj.R-sq	0.2978	0.3236	0.3173	0.2387	0.2818	0.2534
	UApply	F.UApply	F2.UApply	UApply	F.UApply	F2.UApply
Tax	0.1082*	0.1126*	0.1093	0.1114*	0.0776	0.1282**
	(1.9318)	(1.6765)	(1.6343)	(1.8684)	(1.0732)	(2.0594)
adj.R-sq	0.2365	0.2336	0.2285	0.2127	0.2281	0.2020
	DApply	F.DApply	F2.DApply	DApply	F.DApply	F2.DApply
Tax	0.0705**	0.0514	0.0388	0.0464	0.0227	0.0553
	(2.2745)	(1.2208)	(0.7521)	(1.0140)	(0.4310)	(0.9543)
adj.R-sq	0.0827	0.0877	0.1011	0.0758	0.1223	0.1166

（4）经济区域与税收优惠（Tax）的激励效应（专利授权数）

本节分别采用专利、发明、实用新型及外观设计的授权数（Grant）作为企业创新的替代变量，采用税收优惠绝对值对数（Tax）作为税收优惠的替代变量，将企业享受的税收优惠（Tax）与 T＋0 期至 T＋2 期的不同经济区域的企业创新（专利 Grant、发明 IGrant、实用新型 UGrant、外观设计 DGrant）分别进行回归。此处预期 β_1 显著为正，即企业享受税收优惠可以激励企业进行长期创新。回归的结果见表 6-8。

税收优惠对东部企业当期创新（Grant）的回归系数为 0.1261，且在 5% 的水平上显著，验证了税收优惠对企业创新的正向激励作用；税收优惠对 T＋2 期东部企业创新（Grant）的回归系数 0.09534 在 10% 的水平上显著，验证了税收优惠对东部企业创新的长期激励作用。从 T＋0 期至 T＋2 期，税收优惠对东部企业长期创新（Grant）回归结果的拟合优度均在 27% 以上，最高为 28.71%。税收优惠对 T＋0 期东部以外企业创新（Grant）的回归系数 0.1194 在 5% 水平上显著，税收优惠对 T＋1 期及 T＋2 期东部以外企业创新（Grant）的回归系数均不显著。从 T＋0 期至 T＋2 期，税收优惠对东部以外企业长期创新（Grant）回归结果的拟合优度均在 23% 以上，最高为 26.84%。总体看来，东部企业税收优惠对创新的激励效应明显高于中部、西部及东北地区的税收激励效应。可能的原因是东部区域经济更为发达，创新成果更容易转化为企业的盈利能力，企业有更强的研发意愿，企业创新对税收优惠的敏感度更高。

税收优惠对东部企业创新（IGrant）T＋0期至T＋1期的回归系数均在1%的水平上显著，验证了税收优惠对企业创新的正向激励作用。从T＋0期至T＋2期，税收优惠对东部企业长期创新（IGrant）回归结果的拟合优度均在30%以上，最高为34.05%。税收优惠对T＋0期及T＋1期东部以外企业创新（IGrant）的回归系数均在1%水平上显著，税收优惠对T＋2期东部以外企业创新（IGrant）的回归系数在5%水平上显著为正。从T＋0期至T＋2期，税收优惠对东部以外企业长期创新（IGrant）回归结果的拟合优度均在24%以上，最高为28.89%。总体看来，东部企业税收优惠对创新（IGrant）的激励效应高于中部、西部及东北地区的税收激励效应。税收优惠对东部企业发明创新（IGrant）的回归系数明显大于税收优惠对东部企业专利创新（Grant）的回归系数，说明东部企业税收优惠对企业创新的激励效应主要表现为对专利创新（Grant）的激励效应。

税收优惠对东部企业创新（UGrant）T＋0期回归系数0.1157在10%的水平上显著；税收优惠对东部企业（UGrant）T＋1期及T＋2期的回归结果不显著。从T＋0期至T＋2期，税收优惠对东部企业长期创新（UGrant）回归结果的拟合优度均在21%以上，最高为23.37%；税收优惠对东部以外企业（UGrant）T＋0期及T＋2期的回归结果均在10%水平上显著为正；税收优惠对东部以外企业长期创新（UGrant）回归结果的拟合优度均在20%以上，最高为22.84%。税收优惠对东部企业创新（DGrant）的回归结果仅有税收优惠对东部企业当期创新（DGrant）的回归结果显著为正，其他回归结果均不显著。

整体来看，东部企业税收优惠对企业创新有显著的激励效应，激励强度明显强于东部以外企业。东部企业当期享受的税收优惠对当期及长期企业创新均有正向激励作用，税收优惠对创新有显著的长期效应。

（5）小　结

在 T ＋ 0 期至 T ＋ 2 期期间，税收优惠（tax）对不同经济区域的企业创新的回归结果与税收优惠（Tax）对不同经济区域的企业创新的回归结果是一致的。结果显示，企业享受的税收优惠对当期及长期企业创新均有正向激励作用，东部企业税收优惠的激励效应显著高于东部以外企业。税收优惠对东部企业的创新有显著的长期效应，其中，税收优惠对专利及发明的激励效应显著大于税收优惠对实用新型及外观设计的激励效应，东部企业税收优惠对企业创新的激励效应主要表现为对专利创新的激励效应。

表 6-8　经济区域与税收优惠（Tax）的激励效应（专利授权数）

	东部			东部以外区域		
	Grant	F.Grant	F2.Grant	Grant	F.Grant	F2.Grant
Tax	0.1261**	0.0846	0.0953*	0.1194**	0.0657	0.1080*
	(2.5602)	(1.5170)	(1.7535)	(2.2215)	(1.0656)	(1.8625)
N	6101	4211	3249	2594	1767	1358
adj.R-sq	0.2794	0.2871	0.2847	0.2318	0.2684	0.2439
	IGrant	F.IGrant	F2.IGrant	IGrant	F.IGrant	F2.IGrant
Tax	0.1557***	0.1036***	0.0721*	0.1470***	0.1177***	0.1127**
	(5.1884)	(3.0881)	(1.9677)	(3.8813)	(2.7213)	(2.5194)
adj.R-sq	0.3056	0.3264	0.3405	0.2437	0.2889	0.2807
	UGrant	F.UGrant	F2.UGrant	UGrant	F.UGrant	F2.UGrant
Tax	0.1157**	0.0836	0.0968	0.1134*	0.0625	0.1105*
	(2.0602)	(1.2784)	(1.6207)	(1.9725)	(0.8695)	(1.7866)
adj.R-sq	0.2315	0.2337	0.2175	0.2094	0.2284	0.2010
	DGrant	F.DGrant	F2.DGrant	DGrant	F.DGrant	F2.DGrant
Tax	0.0579*	0.0423	0.0420	0.0621	0.0422	0.0659
	(1.7492)	(1.0195)	(0.8095)	(1.4454)	(0.8592)	(1.1418)
adj.R-sq	0.0768	0.0847	0.0887	0.0751	0.1198	0.1090

（三）不同生命周期企业税收优惠对创新的激励效应

衡量企业生命周期的方法主要有单变量分析法，财务综合指标法和现金流模式法。此处借鉴 DickinsonV（2011）的做法，采用现金流模式法将样本划分为成长期、成熟期和衰退期。由于初创期的企业经营活动现金流一般为负，很难支撑企业研发支出及创新，此处不再考虑初创期企业税收优惠对创新的激励效应。此处分别采用专利、发明、实用新型及外观设计的申请数（Apply）及授权数（Grant）作为企业创新的替代变量，采用25%与企业实际税率的差值（tax）及税收优惠绝对值的对数（Tax）作为税收优惠的替代变量，将处于不同生命周期企业享受的税收优惠与企业创新分别进行回归。企业创新不仅包含本期创新，还包含长期各期的创新。因篇幅所限，此处采用 T ＋ 0 期至 T ＋ 2 期的创新作为被解释变量，分别与处于不同生命周期的企业享受的税收优惠进行回归。

（1）生命周期与税收优惠（tax）的激励效应（专利申请数）

本节分别采用专利、发明、实用新型及外观设计的申请数（Apply）作为企业创新的替代变量，采用25%与企业实际税率的差值（tax）作为税收优惠的替代变量，将企业享受的税收优惠（tax）与 T ＋ 0 期至 T ＋ 2 期的不同生命周期的企业创新（专利 Apply、发明 IApply、实用新型 UApply、外观设计 DApply）分别进行回归。此处预期 β_1 显著为正，即企业享受税收优惠可以激励企业进行长期创新。回归的结果见表6-9。

税收优惠对成长期企业当期创新（Apply）的回归系数为 0.9465，且在 5% 的水平上显著，验证了税收优惠对企业创新的正向激励作用；税收优惠对 T ＋ 2 期成长期企业创新（Apply）的回归系数 0.8789 在 5% 的水平上显著，验证了税收优惠对成长期企业创新的长期激励作用。从 T ＋ 0 期至 T ＋ 2 期，税收优惠对成长期企业长期创新（Apply）回归结果的拟合优度均在 28% 以上，最高为 29.31%。税收优惠对当期成熟期企业创新（Apply）的回归系数 0.8372 在 5% 水平上显著，税收优惠对 T ＋ 1 期成熟期企业创新（Apply）的回归系数 0.8703 在 10% 水平上显著，验证了税收优惠对成熟期企业创新的长期激励作用。从 T + 0 期至 T + 2 期，税收优惠对成熟期企业长期创新（Apply）回归结果的拟合优度均在 22% 以上，最高为 24.96%。税收优惠对 T + 0 期至 T + 2 期衰退期企业创新（Apply）的回归系数均不显著。可能的原因是成长期与成熟期企业有相对充沛的现金流支持创新，企业的发展需要创新来转化为更强的盈利能力，强烈的创新需求对税收优惠的敏感度更高；而衰退期企业现金流总体为负，难以支持创新，对税收优惠的激励效应敏感度较弱。总体看来，成长期与成熟期企业税收优惠对当期及长期创新的有显著的激励效应，衰退期企业税收优惠与创新的激励效应并不显著。

税收优惠对成长期企业当期创新（IApply）的回归系数为 1.1639，且在 1% 的水平上显著，验证了税收优惠对企业创新的正向激励作用；税收优惠对 T + 1 期及 T + 2 期成长期企业创新（IApply）的回归系数均在 1% 的水平上显著，验证了税收优惠对成长期企业创新的长期激励作用。从 T + 0 期至 T + 2 期，税收优惠对成长期企业长期创新（IApply）的回归系数逐年走高，说明税收优惠对成长期企业的创新激励具有长期效应，企业享受的税收优惠越多，创新产出越多。从 T + 0 期至 T + 2 期，税收优惠对成长期企业长期创新（IApply）回归结果的拟合优度均在 28% 以上，最高为 31.03%。税收优惠对当期成熟期企业创新（IApply）的回归系数 1.0044 在 5% 水平上显著，税收优惠对 T + 1 期成熟期企业创新（IApply）的回归系数 1.1064 在 5% 水平上显著，税收优惠对 T + 2 期成熟期企业创新（IApply）的回归系数 1.1521 在 10% 水平上显著，验证了税收优惠对成熟期企业创新的长期激励作用。从 T + 0 期至 T + 2 期，税收优惠对成熟期企业长期创新（IApply）的回归系数逐年走高，说明税收优惠对成熟期企业的创新激励具有长期效应，企业享受的税收优惠越多，创新产出越多。从 T + 0 期至 T + 2 期，税收优惠对成熟期企业长期创新（IApply）回归结果的拟合优度均在 24% 以上，最高为 27.85%。税收优惠对 T + 0 期至 T + 1 期衰退期企业创新（IApply）的回归系数显著为负。总体看来，成长期与成熟期企业税收优惠对当期及长期创新有显著的正向激励效应，衰退期企业

表 6-9　生命周期与税收优惠（tax）的激励效应（专利申请数）

	成长期			成熟期			衰退期		
	Apply	F.Apply	F2.Apply	Apply	F.Apply	F2.Apply	Apply	F.Apply	F2.Apply
tax	0.9465**	0.5676	0.8789***	0.8372**	0.8703*	0.9255	−0.7118	−1.0932	0.2858
	(2.2757)	(1.2697)	(2.0962)	(2.1311)	(1.7714)	(1.4806)	(−1.2678)	(−1.2311)	(0.2668)
N	4039	2703	1997	3307	2353	1876	314	149	123
adj.R-sq	0.2801	0.2834	0.2931	0.2228	0.2496	0.2213	0.2638	0.2720	0.2686
	IApply	F.IApply	F2.IApply	IApply	F.IApply	F2.IApply	IApply	F.IApply	F2.IApply
tax	1.1629***	1.0768***	1.2354***	1.0044**	1.1064**	1.1521*	−0.9890**	−1.4519**	0.0115
	(3.1679)	(2.8383)	(3.4602)	(2.5715)	(2.4547)	(1.9531)	(−2.2975)	(−2.1169)	(0.0107)
adj.R-sq	0.2879	0.3081	0.3103	0.2416	0.2785	0.2535	0.2297	0.2859	0.3004
	UApply	F.UApply	F2.UApply	UApply	F.UApply	F2.UApply	UApply	F.UApply	F2.UApply
tax	0.6551	0.2578	0.5426	0.7832*	0.7988*	1.0483	−0.0092	−0.3545	0.1613
	(1.3775)	(0.4774)	(0.9452)	(1.9313)	(1.6911)	(1.6450)	(−0.0152)	(−0.3933)	(0.1548)
adj.R-sq	0.2444	0.2370	0.2346	0.1990	0.2080	0.1821	0.2506	0.2020	0.2782
	DApply	F.DApply	F2.DApply	DApply	F.DApply	F2.DApply	DApply	F.DApply	F2.DApply
tax	0.2934	0.1391	0.2595	0.1229	−0.1298	0.1412	0.1722	0.2577	0.8213
	(1.3383)	(0.4202)	(0.6592)	(0.4816)	(−0.4448)	(0.4685)	(0.2862)	(0.5858)	(1.4228)
adj.R-sq	0.0767	0.0756	0.0964	0.0778	0.0968	0.0853	0.0913	0.0245	0.0023

税收优惠与创新存在负向激励效应。

税收优惠对企业当期创新（UApply）的回归结果仅有成熟期企业 T＋0 期及 T＋1 期在 10% 水平上显著为正，验证了税收优惠对企业创新的正向激励作用，其他系数均不显著；税收优惠对企业当期创新（DApply）的回归结果均不显著。

整体来看，成长期与成熟期企业税收优惠对企业创新有显著的激励效应，激励强度明显强于衰退期企业。成长期与成熟期企业当期享受的税收优惠对当期及长期企业创新均有正向激励作用，成长期与成熟期企业税收优惠对创新的激励效应主要表现为对发明创新（IApply）的激励效应。

（2）生命周期与税收优惠（tax）的激励效应（专利授权数）

本节分别采用专利、发明、实用新型及外观设计的授权数（Grant）作为企业创新的替代变量，采用 25% 与企业实际税率的差值（tax）作为税收优惠的替代变量，将企业享受的税收优惠（tax）与 T＋0 期至 T＋2 期的不同生命周期的企业创新（专利 Grant、发明 IGrant、实用新型 UGrant、外观设计 DGrant）分别进行回归。此处预期 β_1 显著为正，即企业享受税收优惠可以激励企业进行长期创新。回归的结果见表 6–10。

税收优惠对成长期企业 T＋0 期至 T＋2 期创新（Grant）的回归系数均为正，虽然统计意义不显著，但经济意义显著，验证了税收优惠对企业创新的正向激励作用。从 T＋0 期至 T＋2 期，税收优惠对成长期企业长期创新（Grant）回归结果的拟合优度均在 27% 以上，最高为 29.48%。税收优惠对当期成熟期企业创新（Grant）的回归系数 0.8625 在 5% 水平上显著，税收优惠对 T＋2 期成熟期企业创新（Grant）的回归系数 1.1106 在 5% 水平上显著，验证了税收优惠对成熟期企业创新的长期激励作用。从 T＋0 期至 T＋2 期，税收优惠对成熟期企业长期创新（Grant）回归结果的拟合优度均在 22% 以上，最高为 23.95%。税收优惠对 T＋0 期至 T＋2 期衰退期企业创新（Grant）的回归系数均为负且不显著。可能的原因是成长期与成熟期企业强烈的创新需求对税收优惠的敏感度更高；而衰退期企业现金流难以支持创新，对税收优惠的激励效应敏感度较弱。总体看来，成长期与成熟期企业税收优惠激励企业长期创新，衰退期企业税收优惠与创新的激励效应并不显著。

税收优惠对成长期企业当期创新（IGrant）的回归系数为 0.7673，且在5% 的水平上显著，验证了税收优惠对企业创新的正向激励作用；税收优惠对T＋2 期成长期企业创新（IGrant）的回归系数 0.7573 在 5% 的水平上显著，验证了税收优惠对成长期企业创新的长期激励作用。从 T＋0 期至 T＋2 期，税收优惠对成长期企业长期创新（IGrant）回归结果的拟合优度均在 28% 以上，最高为 34.88%。税收优惠对当期成熟期企业创新（IGrant）的回归系数 0.7885在 1% 水平上显著，税收优惠对 T＋1 期及 T＋2 期成熟期企业创新（IGrant）的回归系数均在 10% 水平上显著，验证了税收优惠对成熟期企业创新的长期激励作用。从 T＋0 期至 T＋2 期，税收优惠对成熟期企业长期创新（IGrant）的回归系数逐年走高，说明税收优惠对成熟期企业的创新激励具有长期效应，企业享受的税收优惠越多，创新产出越多。从 T＋0 期至 T＋2 期，税收优惠对成熟期企业长期创新（IGrant）回归结果的拟合优度均在 26% 以上，最高为29.74%。税收优惠对 T＋0 期至 T＋1 期衰退期企业创新（IGrant）的回归系数均为负。总体看来，成长期与成熟期企业税收优惠对当期及长期创新有显著的正向激励效应，衰退期企业税收优惠与创新存在负向激励效应。

税收优惠对成长期企业当期创新（UGrant）的回归系数为 0.8603，且在5% 的水平上显著，验证了税收优惠对企业创新的正向激励作用；税收优惠对T＋2 期成长期企业创新（UGrant）的回归系数 1.2170 在 5% 的水平上显著，验证了税收优惠对成长期企业创新的长期激励作用，其他系数均不显著；税收优惠对企业当期创新（DGrant）的回归结果均不显著。

整体来看，成长期与成熟期企业税收优惠对企业创新有显著的激励效应，激励强度明显强于衰退期企业。成长期与成熟期企业当期享受的税收优惠对当期及长期企业创新均有正向激励作用，成长期与成熟期企业税收优惠对创新的激励效应主要表现为对发明创新（IGrant）的激励效应。

表6-10　生命周期与税收优惠（tax）的激励效应（专利授权数）

	成长期			成熟期			衰退期		
	Grant	F.Grant	F2.Grant	Grant	F.Grant	F2.Grant	Grant	F.Grant	F2.Grant
tax	0.6357	0.4336	0.7026	0.8625**	0.6977	1.1106**	-0.3831	-0.3920	-0.1149
	(1.4666)	(0.8538)	(1.4663)	(2.4288)	(1.5141)	(2.1255)	(-0.9253)	(-0.5690)	(-0.1330)
N	4039	2703	1997	3307	2353	1876	314	149	123
adj.R-sq	0.2722	0.2948	0.2907	0.2324	0.2395	0.2216	0.3046	0.2509	0.2979
	IGrant	F.IGrant	F2.IGrant	IGrant	F.IGrant	F2.IGrant	IGrant	F.IGrant	F2.IGrant
tax	0.7673**	0.5832	0.7573	0.7885***	0.6802*	0.8948*	-0.4941	-1.4457**	-0.2763
	(2.4507)	(1.5941)	(2.0996)	(3.0915)	(1.9207)	(1.8780)	(-1.5394)	(-2.6449)	(-0.3851)
adj.R-sq	0.2802	0.3193	0.3488	0.2630	0.2974	0.2836	0.1987	0.1809	0.2113
	UGrant	F.UGrant	F2.UGrant	UGrant	F.UGrant	F2.UGrant	UGrant	F.UGrant	F2.UGrant
tax	0.5916	0.3341	0.6215	0.8603**	0.6866	1.2170**	-0.1966	0.1164	0.4040
	(1.2080)	(0.5991)	(1.1368)	(2.0780)	(1.4201)	(2.0342)	(-0.3372)	(0.1461)	(0.4604)
adj.R-sq	0.2359	0.2461	0.2260	0.1993	0.1924	0.1764	0.2429	0.1725	0.2828
	DGrant	F.DGrant	F2.DGrant	DGrant	F.DGrant	F2.DGrant	DGrant	F.DGrant	F2.DGrant
tax	0.1854	0.1222	0.4004	0.2098	0.0693	0.5076	-0.0909	0.3253	0.5240
	(0.8366)	(0.3561)	(0.9647)	(0.8693)	(0.2284)	(1.5742)	(-0.1720)	(0.8821)	(1.1235)
adj.R-sq	0.0660	0.0829	0.0801	0.0758	0.0898	0.0857	0.0688	0.0752	0.0163

（3）生命周期与税收优惠（Tax）的激励效应（专利申请数）

本节分别采用专利、发明、实用新型及外观设计的申请数（Apply）作为企业创新的替代变量，采用税收优惠绝对值对数（Tax）作为税收优惠的替代变量，将企业享受的税收优惠（Tax）与 T＋0 期至 T＋2 期的不同生命周期的企业创新（专利 Apply、发明 IApply、实用新型 UApply、外观设计 DApply）分别进行回归。此处预期 β_1 显著为正，即企业享受税收优惠可以激励企业进行长期创新。回归的结果见表 6–11。

税收优惠对成长期企业当期创新（Apply）的回归系数为 0.1560，且在5% 的水平上显著，验证了税收优惠对企业创新的正向激励作用；税收优惠对 T＋1 期成长期企业创新（Apply）的回归系数 0.1440 在 10% 的水平上显著，税收优惠对 T＋2 期成长期企业创新（Apply）的回归系数 0.1884 在 1% 的水平上显著，验证了税收优惠对成长期企业创新的长期激励作用。从 T＋0 期至 T＋2 期，税收优惠对成长期企业长期创新（Apply）回归结果的拟合优度均在 28% 以上，最高为 29.66%。税收优惠对 T＋0 期及 T＋1 期成熟期企业创新（Apply）的回归系数均在 1% 水平上显著，税收优惠对 T＋1 期成熟期企业创新（Apply）的回归系数 0.1460 在 5% 水平上显著，验证了税收优惠对成熟期企业创新的长期激励作用。从 T＋0 期至 T＋2 期，税收优惠对成熟期企业长期创新（Apply）回归结果的拟合优度均在 24% 以上，最高为 26.53%。税收优惠对 T＋0 期至 T＋2 期衰退期企业创新（Apply）的回归系数均不显著。从 T＋0 期至 T＋2 期，税收优惠对成长期及成熟期企业长期创新（Apply）的回归系数逐年走高，说明税收优惠对成长期企业的创新激励具有长期效应，企业享受的税收优惠越多，创新产出越多。税收优惠对衰退期企业当期创新（Apply）的回归系数为 0.1095，且在 5% 的水平上显著，验证了税收优惠对企业创新的正向激励作用；税收优惠对 T＋2 期衰退期企业创新（Apply）的回归系数 0.0940 在 1% 的水平上显著，验证了税收优惠对成长期企业创新的长期激励作用。衰退期企业的回归系数普遍低于成长期与成熟期企业的回归系数。总体看来，成长期与成熟期企业税收优惠对当期及长期创新的有显著的激励效应，成长期与成熟期企业税收优惠对创新的激励效应显著高于衰退期企业。

税收优惠对成长期企业当期创新（IApply）的回归系数为 0.1996，且在 1% 的水平上显著，验证了税收优惠对企业创新的正向激励作用；税收优惠对 T ＋ 1 期及 T ＋ 2 期成长期企业创新（IApply）的回归系数均在 1% 的水平上显著，验证了税收优惠对成长期企业创新的长期激励作用。从 T ＋ 0 期至 T ＋ 2 期，税收优惠对成长期企业长期创新（IApply）回归结果的拟合优度均在 30% 以上，最高为 32.05%。税收优惠对 T ＋ 0 期至 T ＋ 2 期成熟期企业创新（IApply）的回归系数均在 1% 水平上显著，验证了税收优惠对成熟期企业创新的长期激励作用。从 T ＋ 0 期至 T ＋ 2 期，税收优惠对成熟期企业长期创新（IApply）的回归系数逐年走高，说明税收优惠对成熟期企业的创新激励具有长期效应，企业享受的税收优惠越多，创新产出越多。从 T ＋ 0 期至 T ＋ 2 期，税收优惠对成熟期企业长期创新（IApply）回归结果的拟合优度均在 26% 以上，最高为 28.97%。税收优惠对 T ＋ 0 期至 T ＋ 1 期衰退期企业创新（IApply）的回归系数显著为负。税收优惠对衰退期企业当期创新（IApply）的回归系数 0.1043 在 1% 的水平上显著，验证了税收优惠对企业创新的正向激励作用；税收优惠对 T ＋ 2 期衰退期企业创新（IApply）的回归系数 1.1567 在 5% 的水平上显著，验证了税收优惠对衰退期企业创新的长期激励作用。总体看来，成长期与成熟期企业税收优惠对当期及长期创新有显著的正向激励效应，成长期与成熟期企业税收优惠对创新的激励效应强于衰退期企业。

税收优惠对成长期企业 T ＋ 0 期及 T ＋ 2 期创新（UApply）的回归结果均在 10% 水平上显著为正，验证了税收优惠对企业创新的正向激励作用；税收优惠对成熟期企业 T ＋ 0 期至 T ＋ 2 期创新（UApply）的回归结果均在 10% 水平上显著为正，验证了税收优惠对企业创新的正向激励作用。税收优惠对衰退期企业当期创新（UApply）的回归结果 0.1064 在 10% 水平上显著。总体看来，成长期与成熟期企业税收优惠对当期及长期创新有显著的正向激励效应，成长期与成熟期企业税收优惠对创新的激励效应强于衰退期企业。

表 6-11 生命周期与税收优惠（Tax）的激励效应（专利申请数）

成长期

	Apply	F.Apply	F2.Apply
Tax	0.1560**	0.1440**	0.1884***
	(2.4944)	(2.4494)	(2.7275)
N	3558	2420	1779
adj.R-sq	0.2935	0.2899	0.2966
	IApply	F.IApply	F2.IApply
Tax	0.1996***	0.1660***	0.1970***
	(3.6819)	(3.5559)	(3.5987)
adj.R-sq	0.3070	0.3205	0.3203
	UApply	F.UApply	F2.UApply
Tax	0.1208*	0.1061	0.1457*
	(1.7999)	(1.6259)	(1.9183)
adj.R-sq	0.2472	0.2344	0.2312
	DApply	F.DApply	F2.DApply
Tax	0.0630	0.0613	0.0819
	(1.4555)	(1.4157)	(1.6497)
adj.R-sq	0.0854	0.0808	0.1000

成熟期

	Apply	F.Apply	F2.Apply
Tax	0.1678***	0.1460**	0.2071***
	(2.8500)	(2.3359)	(3.0412)
N	2800	2040	1632
adj.R-sq	0.2432	0.2653	0.2420
	IApply	F.IApply	F2.IApply
Tax	0.2148***	0.1835***	0.2544***
	(4.2628)	(3.3715)	(4.0746)
adj.R-sq	0.2627	0.2897	0.2738
	UApply	F.UApply	F2.UApply
Tax	0.1240*	0.1194*	0.1744**
	(1.8554)	(1.6981)	(2.3111)
adj.R-sq	0.2100	0.2169	0.1920
	DApply	F.DApply	F2.DApply
Tax	0.0680	0.0446	0.0319
	(1.6091)	(0.9095)	(0.4494)
adj.R-sq	0.0825	0.0978	0.0931

衰退期

	Apply	F.Apply	F2.Apply
Tax	0.1995**	-0.0422	0.2940***
	(2.1857)	(-0.4560)	(2.8188)
N	246	117	97
adj.R-sq	0.2531	0.3069	0.3118
	IApply	F.IApply	F2.IApply
Tax	0.2043***	-0.1059	0.2567**
	(2.7819)	(-1.5989)	(2.3632)
adj.R-sq	0.2327	0.2847	0.3160
	UApply	F.UApply	F2.UApply
Tax	0.1464*	-0.0213	0.1423
	(1.9647)	(-0.1782)	(1.3540)
adj.R-sq	0.2558	0.1970	0.3304
	DApply	F.DApply	F2.DApply
Tax	0.1595**	0.1610*	0.3033***
	(2.6307)	(1.7179)	(3.3991)
adj.R-sq	0.1299	0.0953	0.1031

整体来看，成长期与成熟期企业税收优惠对企业创新有显著的激励效应，激励强度明显强于衰退期企业。成长期与成熟期企业当期享受的税收优惠对当期及长期企业创新均有正向激励作用，成长期与成熟期企业税收优惠对创新的激励效应主要表现为对发明创新（IApply）的激励效应。

（4）生命周期与税收优惠（Tax）的激励效应（专利授权数）

本节分别采用专利、发明、实用新型及外观设计的授权数（Grant）作为企业创新的替代变量，采用税收优惠绝对值对数（Tax）作为税收优惠的替代变量，将企业享受的税收优惠（Tax）与 T＋0 期至 T＋2 期的不同生命周期的企业创新（专利 Grant、发明 IGrant、实用新型 UGrant、外观设计 DGrant）分别进行回归。此处预期 β_1 显著为正，即企业享受税收优惠可以激励企业进行长期创新。回归的结果见表 6–12。

税收优惠对成长期企业 T＋0 期及 T＋2 期创新（Grant）的回归系数在 5% 水平上显著为正，验证了税收优惠对企业创新的正向激励作用。从 T＋0 期至 T＋2 期，税收优惠对东部企业长期创新（Grant）回归结果的拟合优度均在 28% 以上，最高为 29.99%。税收优惠对成熟期企业 T＋0 期及 T＋2 期创新（Grant）的回归系数在 5% 水平上显著为正，验证了税收优惠对企业创新的正向激励作用。从 T＋0 期至 T＋2 期，税收优惠对成熟期企业长期创新（Grant）回归结果的拟合优度均在 24% 以上，最高为 24.19%。税收优惠对当期衰退期企业创新（Grant）的回归系数 0.1006 在 1% 水平上显著，其他系数不显著。总体看来，成长期与成熟期企业税收优惠对企业长期创新的激励效应强于衰退期企业。

税收优惠对成长期企业当期创新（IGrant）的回归系数 0.1630 在 1% 的水平上显著，验证了税收优惠对企业创新的正向激励作用；税收优惠对 T＋1 期及 T＋2 期成长期企业创新（IGrant）的回归系数均在 5% 的水平上显著，验证了税收优惠对成长期企业创新的长期激励作用。从 T＋0 期至 T＋2 期，税收优惠对成长期企业长期创新（IGrant）回归结果的拟合优度均在 30% 以上，最高为 36.25%。税收优惠对 T＋0 期至 T＋2 期成熟期企业创新（IGrant）的回归系数均在 1% 水平上显著，验证了税收优惠对成熟期企业创新的长期激励作用。从 T ＋ 0 期至 T ＋ 2 期，税收优惠对成熟期企业长期创新（IGrant）回归结果的拟合优度均在 27% 以上，最高为 30.20%。税收优惠对当期衰退期企业创新（IGrant）的回归系数 0.1076 在 10% 水平上显著，税收优惠对 T ＋ 1 期至 T ＋ 2 期衰退期企业创新（IGrant）的回归系数均为负。总体看来，成长期与成熟期企业税收优惠对当期及长期创新有显著的正向激励效应。

税收优惠对成长期企业当期创新（UGrant）的回归系数 0.1312 在 5% 的水平上显著，验证了税收优惠对企业创新的正向激励作用；税收优惠对 T ＋ 2 期成长期企业创新（UGrant）的回归系数 0.1401 在 5% 的水平上显著，验证了税收优惠对成长期企业创新的长期激励作用；税收优惠对成熟期企业当期创新（UGrant）的回归系数 0.1282 在 10% 的水平上显著，验证了税收优惠对企业创新的正向激励作用；税收优惠对 T ＋ 2 期成熟期企业创新（UGrant）的回归系数 0.1414 在 5% 的水平上显著，验证了税收优惠对成长期企业创新的长期激励作用；税收优惠对衰退期企业当期创新（UGrant）的回归系数 0.1283 在 5% 的水平上显著，验证了税收优惠对企业创新的正向激励作用；总体看来，成长期与成熟期企业税收优惠对当期及长期创新有显著的正向激励效应。成长期与成熟期企业税收优惠的激励效应强于衰退期企业。

整体来看，成长期与成熟期企业税收优惠对企业创新有显著的激励效应，激励强度明显强于衰退期企业。成长期与成熟期企业当期享受的税收优惠对当期及长期企业创新均有正向激励作用，成长期与成熟期企业税收优惠对创新的激励效应主要表现为对发明创新（IGrant）的激励效应。

（5）小　结

在 T ＋ 0 期至 T ＋ 2 期期间，税收优惠（tax）对处于不同生命周期的企业创新的回归结果与税收优惠（Tax）对处于不同生命周期的企业创新的回归结果是一致的。结果显示，企业享受的税收优惠对当期及长期企业创新均有正向激励作用，成长期与成熟期企业税收优惠的激励效应显著高于衰退期企业。税收优惠对成长期与成熟期企业的创新有显著的长期效应，其中，税收优惠对

表 6–12　生命周期与税收优惠（Tax）的激励效应（专利授权数）

成长期

	Grant	F.Grant	F2.Grant
Tax	0.1333**	0.0604	0.1539**
	(2.1923)	(0.9346)	(2.4724)
N	3558	2420	1779
adj.R-sq	0.2872	0.2999	0.2933

	IGrant	F.IGrant	F2.IGrant
Tax	0.1630***	0.0828**	0.1017**
	(3.2057)	(2.0382)	(2.2040)
adj.R-sq	0.3023	0.3277	0.3625

	UGrant	F.UGrant	F2.UGrant
Tax	0.1312**	0.0629	0.1401**
	(2.3279)	(0.9322)	(2.1117)
adj.R-sq	0.2387	0.2445	0.2197

	DGrant	F.DGrant	F2.DGrant
Tax	0.0484	0.0274	0.1160**
	(1.2748)	(0.5613)	(2.5335)
adj.R-sq	0.0727	0.0891	0.0867

成熟期

	Grant	F.Grant	F2.Grant
Tax	0.1465**	0.1028	0.1363**
	(2.5281)	(1.5687)	(2.2363)
N	2800	2040	1632
adj.R-sq	0.2484	0.2495	0.2419

	IGrant	F.IGrant	F2.IGrant
Tax	0.1645***	0.1405***	0.1630***
	(3.9077)	(2.8993)	(3.4676)
adj.R-sq	0.2793	0.3020	0.3011

	UGrant	F.UGrant	F2.UGrant
Tax	0.1282*	0.0892	0.1414**
	(1.8820)	(1.0841)	(2.0556)
adj.R-sq	0.2119	0.2037	0.1888

	DGrant	F.DGrant	F2.DGrant
Tax	0.0644	0.0638	0.0398
	(1.5441)	(1.2214)	(0.6344)
adj.R-sq	0.0801	0.0900	0.0882

衰退期

	Grant	F.Grant	F2.Grant
Tax	0.1606***	0.0051	0.0873
	(2.6886)	(0.0569)	(0.9850)
N	246	117	97
adj.R-sq	0.2974	0.2411	0.3313

	IGrant	F.IGrant	F2.IGrant
Tax	0.1076*	−0.0446	−0.0046
	(1.7922)	(−0.3747)	(−0.0464)
adj.R-sq	0.1995	0.0517	0.2589

	UGrant	F.UGrant	F2.UGrant
Tax	0.1283**	0.0398	0.0375
	(2.1600)	(0.3397)	(0.2964)
adj.R-sq	0.2539	0.1776	0.2978

	DGrant	F.DGrant	F2.DGrant
Tax	0.1489**	0.0984	0.2593**
	(2.4056)	(0.9009)	(2.6521)
adj.R-sq	0.0927	0.1339	0.1216

专利及发明的激励效应显著大于税收优惠对实用新型及外观设计的激励效应，成长期与成熟期企业税收优惠对企业创新的激励效应主要表现为对专利创新的激励效应。

（四）不同行业企业税收优惠对创新的激励效应

此处将不同行业的企业划分为高科技行业与非高科技行业。此处借鉴徐欣、唐清泉（2012）的思路，高科技行业包括化学原料及化学制品制造业、化学纤维制造业、电子制造业、医疗器械制造业、航空航天器制造业、仪器仪表制造业、医药、生物制造业、信息技术业，其他行业划分为非高科技企业。此处分别采用专利、发明、实用新型及外观设计的申请数（Apply）及授权数（Grant）作为企业创新的替代变量，采用25%与企业实际税率的差值（tax）及税收优惠绝对值的对数（Tax）作为税收优惠的替代变量，将处于不同行业企业享受的税收优惠与企业创新分别进行回归。企业创新不仅包含本期创新，还包含长期各期的创新。因篇幅所限，此处采用 T＋0 期至 T＋2 期的创新作为被解释变量，分别与处于不同行业企业享受的税收优惠进行回归。

（1）行业与税收优惠（tax）的激励效应（专利申请数）

本节分别采用专利、发明、实用新型及外观设计的申请数（Apply）作为企业创新的替代变量，采用25%与企业实际税率的差值（tax）作为税收优惠的替代变量，将企业享受的税收优惠（tax）与 T＋0 期至 T＋2 期的不同行业的企业创新（专利 Apply、发明 IApply、实用新型 UApply、外观设计 DApply）分别进行回归。此处预期 β_1 显著为正，即企业享受税收优惠可以激励企业进行长期创新。回归的结果见表6-13。

税收优惠对高科技行业当期创新（Apply）的回归系数 0.9538 在 10% 的水平上显著，验证了税收优惠对企业创新的正向激励作用；税收优惠对 T＋1 期及 T＋2 期高科技行业创新（Apply）的回归系数均为正，统计意义不显著，但经济意义显著，验证了税收优惠对高科技行业创新的长期激励作用。从

T＋0期至 T＋2期，税收优惠对高科技行业长期创新（Apply）回归结果的拟合优度均在 29% 以上，最高为 30.36%。税收优惠对 T＋0期非高科技行业创新（Apply）的回归系数 0.8028 在 1% 水平上显著，税收优惠对 T＋1期及 T＋2期非高科技行业创新（Apply）的回归系数均在 10% 水平上显著，验证了税收优惠对非高科技行业创新的长期激励作用。从 T＋0期至 T＋2期，税收优惠对非高科技行业长期创新（Apply）回归结果的拟合优度均在 22% 以上，最高为 24.40%。通过综合比较税收优惠对高科技行业创新（Apply）的回归系数与税收优惠对非高科技行业创新（Apply）的回归系数，税收优惠对高科技行业创新（Apply）的回归系数普遍大于税收优惠对非高科技行业创新（Apply）的回归系数，说明税收优惠对高科技行业的激励效应强于非高科技行业。可能的原因是高科技行业研发投入比例较高，通过研发费用加计扣除政策享受税收优惠的幅度更大，同时高新技术企业享受 15% 的优惠税率，高科技行业享受的税收优惠普遍高于非高科技行业，税收优惠对高科技行业有更强的激励效应。

　　税收优惠对高科技行业当期创新（IApply）的回归系数 1.0477 在 1% 的水平上显著，验证了税收优惠对企业创新的正向激励作用；税收优惠对 T＋1期高科技行业创新（IApply）的回归系数 1.1526 在 5% 水平上显著，验证了税收优惠对高科技行业创新的长期激励作用。从 T＋0期至 T＋2期，税收优惠对高科持行业长期创新（IApply）回归结果的拟合优度均在 31% 以上，最高为 33.11%。税收优惠对 T＋0期非高科技行业创新（IApply）的回归系数 0.8204 在 1% 水平上显著，税收优惠对 T＋1期及 T＋2期非高科技行业创新（IApply）的回归系数均在 5% 水平上显著，验证了税收优惠对非高科技行业创新的长期激励作用。从 T＋0期至 T＋2期，税收优惠对非高科技行业长期创新（IApply）回归结果的拟合优度均在 24% 以上，最高为 27.49%。通过综合比较税收优惠对企业创新（IApply）的回归系数与税收优惠对企业创新（Apply）的回归系数，税收优惠对企业创新（IApply）的回归系数普遍大于税收优惠对企业创新（Apply）的回归系数，说明税收优惠对高科技行业的激励效应主要表现为对发明创新（IApply）的激励效应。

税收优惠对企业创新（UApply）的回归中仅有税收优惠对非高科技行业
T＋2期创新（UApply）的回归系数0.8576在1%的水平上显著，其他系数均
不显著。税收优惠对企业创新（DApply）的回归系数均不显著。

整体来看，高科技行业税收优惠对企业创新有显著的激励效应，激励强度
明显强于非高科技行业。高科技行业当期享受的税收优惠对当期及长期企业创
新均有正向激励作用，高科技行业税收优惠对创新的激励效应主要表现为对发
明创新（IApply）的激励效应。

表6-13　行业与税收优惠（tax）的激励效应（专利申请数）

	高科技行业			非高科技行业		
	Apply	F.Apply	F2.Apply	Apply	F.Apply	F2.Apply
tax	0.9538*	0.9624	0.6415	0.8028***	0.6985*	0.7413*
	(2.2716)	(1.6867)	(1.3206)	(2.6833)	(1.8218)	(1.7878)
N	4110	2795	2202	6082	4042	3071
adj.R-sq	0.2985	0.3036	0.2923	0.2223	0.2386	0.2440
	IApply	F.IApply	F2.IApply	IApply	F.IApply	F2.IApply
tax	1.0477**	1.1526**	0.8146	0.8204***	0.7331**	0.7749**
	(3.3458)	(2.9273)	(1.8629)	(3.1855)	(2.2511)	(2.2212)
adj.R-sq	0.3127	0.3311	0.3177	0.2451	0.2749	0.2708
	UApply	F.UApply	F2.UApply	UApply	F.UApply	F2.UApply
tax	0.8280	0.7731	0.3827	0.8576***	0.7266	0.7965
	(1.4837)	(1.1956)	(0.5985)	(2.6595)	(1.6363)	(1.6655)
adj.R-sq	0.2146	0.2076	0.1887	0.2098	0.2114	0.2138
	DApply	F.DApply	F2.DApply	DApply	F.DApply	F2.DApply
tax	0.4349	0.3710	0.2896	0.2550	0.0526	0.3708
	(1.8647)	(1.2859)	(1.1703)	(0.8434)	(0.1712)	(0.9776)
adj.R-sq	0.0952	0.1022	0.1087	0.0744	0.0950	0.1026

（2）行业与税收优惠（tax）的激励效应（专利授权数）

本节分别采用专利、发明、实用新型及外观设计的授权数（Grant）作为企
业创新的替代变量，采用25%与企业实际税率的差值（tax）作为税收优惠的

替代变量，将企业享受的税收优惠（tax）与 T＋0 期至 T＋2 期的不同行业的企业创新（专利 Grant、发明 IGrant、实用新型 UGrant、外观设计 DGrant）分别进行回归。此处预期 β_1 显著为正，即企业享受税收优惠可以激励企业进行长期创新。回归的结果见表 6-14。

税收优惠对 T＋0 期及 T＋2 期高科技行业创新（Grant）的回归系数均为正，统计意义不显著，但经济意义显著，验证了税收优惠对高科技行业创新的长期激励作用。从 T＋0 期至 T＋2 期，税收优惠对高科技行业长期创新（Grant）回归结果的拟合优度均在 27% 以上，最高为 30.11%。税收优惠对 T＋0 期非高科技行业创新（Grant）的回归系数 0.8027 在 5% 水平上显著，税收优惠对 T＋2 期非高科技行业创新（Grant）的回归系数 0.9266 在 5% 水平上显著，验证了税收优惠对非高科技行业创新的长期激励作用。从 T＋0 期至 T＋2 期，税收优惠对非高科技行业长期创新（Grant）回归结果的拟合优度均在 21% 以上，最高为 24.20%。通过综合比较税收优惠对高科技行业创新（Grant）的回归系数与税收优惠对非高科技行业创新（Grant）的回归系数，税收优惠对高科技行业创新（Grant）的回归系数普遍大于税收优惠对非高科技行业创新（Grant）的回归系数，说明税收优惠对高科技行业的激励效应强于非高科技行业。可能的原因是高科技行业研发投入比例较高，通过研发费用加计扣除政策享受税收优惠的幅度更大，同时高新技术企业享受 15% 的优惠税率，高科技行业享受的税收优惠普遍高于非高科技行业，税收优惠对高科技行业有更强的激励效应。

税收优惠对高科技行业当期创新（IGrant）的回归系数 0.9174 在 10% 的水平上显著，验证了税收优惠对企业创新的正向激励作用；税收优惠对 T＋2 期高科技行业创新（IGrant）的回归系数 0.7392 在 5% 水平上显著，验证了税收优惠对高科技行业创新的长期激励作用。从 T＋0 期至 T＋2 期，税收优惠对高科持行业长期创新（IGrant）回归结果的拟合优度均在 29% 以上，最高为 33.23%。税收优惠对 T＋0 期非高科技行业创新（IGrant）的回归系数 0.7069 在 1% 水平上显著，税收优惠对 T＋1 期及 T＋2 期非高科技行业创新

（IGrant）的回归系数均在 10% 水平上显著，验证了税收优惠对非高科技行业创新的长期激励作用。从 T ＋ 0 期至 T ＋ 2 期，税收优惠对非高科技行业长期创新（IGrant）回归结果的拟合优度均在 26% 以上，最高为 30.70%。通过综合比较税收优惠对企业创新（IGrant）的回归系数与税收优惠对企业创新（Grant）的回归系数，税收优惠对企业创新（IGrant）的回归系数普遍大于税收优惠对企业创新（Grant）的回归系数，说明税收优惠对高科技行业的激励效应主要表现为对发明创新（IGrant）的激励效应。

税收优惠对企业创新（UGrant）的回归中仅有税收优惠对非高科技行业 T ＋ 2 期创新（UGrant）的回归系数 0.9325 在 5% 的水平上显著，其他系数均不显著。税收优惠对企业创新（DGrant）的回归中仅有税收优惠对高科技行业 T ＋ 1 期创新（DGrant）的回归系数 0.5243 在 10% 的水平上显著，其他系数均不显著。

整体来看，高科技行业税收优惠对企业创新有显著的激励效应，激励强度明显强于非高科技行业。高科技行业当期享受的税收优惠对当期及长期企业创新均有正向激励作用，高科技行业税收优惠对创新的激励效应主要表现为对发明创新（IGrant）的激励效应。

表 6-14　行业与税收优惠（tax）的激励效应（专利授权数）

	高科技行业			非高科技行业		
	Grant	F.Grant	F2.Grant	Grant	F.Grant	F2.Grant
tax	0.9175	0.7676	0.5569	0.8027**	0.5551	0.9266**
	(1.0958)	(1.3799)	(1.1304)	(2.6010)	(1.4495)	(2.2442)
N	4110	2795	2202	6082	4042	3071
adj.R-sq	0.2898	0.3011	0.2769	0.2180	0.2407	0.2420
	IGrant	F.IGrant	F2.IGrant	IGrant	F.IGrant	F2.IGrant
tax	0.9174*	0.5956	0.7392*	0.7069***	0.5290*	0.5938*
	(2.1339)	(1.6256)	(2.1430)	(3.3791)	(1.9288)	(1.9888)
adj.R-sq	0.2992	0.3187	0.3323	0.2667	0.3038	0.3070

续表

	UGrant	F.UGrant	F2.UGrant	UGrant	F.UGrant	F2.UGrant
tax	0.7651	0.9544	0.5574	0.8303**	0.5524	0.9325**
	(1.2583)	(1.4289)	(0.8831)	(2.4213)	(1.3017)	(2.1359)
adj.R-sq	0.2087	0.2116	0.1745	0.1967	0.2114	0.2070
	DGrant	F.DGrant	F2.DGrant	DGrant	F.DGrant	F2.DGrant
tax	0.2075	0.5243*	0.4477	0.2787	0.1003	0.4476
	(0.8708)	(2.0301)	(1.5637)	(0.9744)	(0.3390)	(1.1105)
adj.R-sq	0.0883	0.0988	0.0943	0.0715	0.0919	0.0914

（3）行业与税收优惠（Tax）的激励效应（专利申请数）

本节分别采用专利、发明、实用新型及外观设计的申请数（Apply）作为企业创新的替代变量，采用税收优惠绝对值对数（Tax）作为税收优惠的替代变量，将企业享受的税收优惠（Tax）与 T＋0 期至 T＋2 期的不同行业的企业创新（专利 Apply、发明 IApply、实用新型 UApply、外观设计 DApply）分别进行回归。此处预期 β_1 显著为正，即企业享受税收优惠可以激励企业进行长期创新。回归的结果见表 6-15。

税收优惠对高科技行业当期创新（Apply）的回归系数 0.1655 在 10% 的水平上显著，验证了税收优惠对企业创新的正向激励作用；税收优惠对 T＋2 期高科技行业创新（Apply）的回归系数 0.1542 在 10% 水平上显著，验证了税收优惠对高科技行业创新的长期激励作用。从 T＋0 期至 T＋2 期，税收优惠对高科技行业长期创新（Apply）回归结果的拟合优度均在 29% 以上，最高为 30.85%。税收优惠对 T＋0 期非高科技行业创新（Apply）的回归系数 0.1327 在 1% 水平上显著，税收优惠对 T＋1 期及 T＋2 期非高科技行业创新（Apply）的回归系数均在 5% 水平上显著，验证了税收优惠对非高科技行业创新的长期激励作用。从 T＋0 期至 T＋2 期，税收优惠对非高科技行业长期创新（Apply）回归结果的拟合优度均在 23% 以上，最高为 25.89%。通过综合比较税收优惠对高科技行业创新（Apply）的回归系数与税收优惠对非高科技行业创新（Apply）的回归系数，税收优惠对高科技行业创新（Apply）的回归系数普遍大于税收优惠对非高科技行业创新（Apply）的回归系数，说明税收优惠对高科技行业的激励效应强于非高科技行业。可能的原因是高科技行业研发投入比例较高，通过研发费用加计扣除政策享受税收优惠的幅度更大，同时高新技术企业享受15%的优惠税率，高科技行业享受的税收优惠普遍高于非高科技行业，税收优惠对高科技行业有更强的激励效应。

税收优惠对高科技行业当期创新（IApply）的回归系数0.1864在5%的水平上显著，验证了税收优惠对企业创新的正向激励作用；税收优惠对T＋1期高科技行业创新（IApply）的回归系数0.1413在10%水平上显著，税收优惠对T＋2期高科技行业创新（IApply）的回归系数0.1533在5%水平上显著，验证了税收优惠对高科技行业创新的长期激励作用。从T＋0期至T＋2期，税收优惠对高科持行业长期创新（IApply）回归结果的拟合优度均在31%以上，最高为33.94%。税收优惠对T＋0期非高科技行业创新（IApply）的回归系数0.1586在1%水平上显著，税收优惠对T＋1期及T＋2期非高科技行业创新（IApply）的回归系数均在1%水平上显著，验证了税收优惠对非高科技行业创新的长期激励作用。从T＋0期至T＋2期，税收优惠对非高科技行业长期创新（IApply）回归结果的拟合优度均在26%以上，最高为29.73%。通过综合比较税收优惠对企业创新（IApply）的回归系数与税收优惠对企业创新（Apply）的回归系数，税收优惠对企业创新（IApply）的回归系数普遍大于税收优惠对企业创新（Apply）的回归系数，说明税收优惠对高科技行业的激励效应主要表现为对发明创新（IApply）的激励效应。

税收优惠对非高科技行业T＋0期至T＋2期创新（UApply）的回归系数均在5%的水平上显著，其他系数均不显著。税收优惠对企业创新（DApply）的回归中仅有税收优惠对高科技行业当期创新（DApply）的回归系数0.0975在5%的水平上显著，其他系数均不显著。

整体来看，高科技行业税收优惠对企业创新有显著的激励效应，激励强度明显强于非高科技行业。高科技行业当期享受的税收优惠对当期及长期企业创新均有正向激励作用，高科技行业税收优惠对创新的激励效应主要表现为对发明创新（IApply）的激励效应。

表 6-15　行业与税收优惠（Tax）的激励效应（专利申请数）

	高科技行业			非高科技行业		
	Apply	F.Apply	F2.Apply	Apply	F.Apply	F2.Apply
Tax	0.1655*	0.1437	0.1542*	0.1327***	0.1300**	0.1586***
	(2.2839)	(1.5494)	(1.9423)	(2.7555)	(2.5692)	(2.8514)
N	3700	2558	2013	4995	3420	2594
adj.R-sq	0.2995	0.3085	0.3027	0.2382	0.2580	0.2589
	IApply	F.IApply	F2.IApply	IApply	F.IApply	F2.IApply
Tax	0.1864**	0.1413*	0.1533**	0.1586***	0.1500***	0.1724***
	(3.1911)	(1.9901)	(2.4428)	(4.0126)	(3.5904)	(3.4735)
adj.R-sq	0.3162	0.3394	0.3292	0.2677	0.2973	0.2874
	UApply	F.UApply	F2.UApply	UApply	F.UApply	F2.UApply
Tax	0.1110	0.0849	0.0921	0.1414**	0.1384**	0.1592**
	(1.2840)	(0.8639)	(0.9913)	(2.6024)	(2.2306)	(2.5576)
adj.R-sq	0.2101	0.2045	0.1951	0.2243	0.2272	0.2269
	DApply	F.DApply	F2.DApply	DApply	F.DApply	F2.DApply
Tax	0.0975**	0.0923	0.0742	0.0495	0.0214	0.0367
	(2.8525)	(1.5110)	(1.1768)	(1.1406)	(0.4969)	(0.6353)
adj.R-sq	0.0948	0.1023	0.1095	0.0840	0.1033	0.1128

（4）行业与税收优惠（tax）的激励效应（专利授权数）

本节分别采用专利、发明、实用新型及外观设计的授权数（Grant）作为企业创新的替代变量，采用税收优惠绝对值对数（Tax）作为税收优惠的替代变量，将企业享受的税收优惠（Tax）与 T＋0 期至 T＋2 期的不同行业的企业创新（专利 Grant、发明 IGrant、实用新型 UGrant、外观设计 DGrant）分别进行回归。此处预期 β_1 显著为正，即企业享受税收优惠可以激励企业进行长期创新。回归的结果见表 54。

税收优惠对 T＋0 期及 T＋2 期高科技行业创新（Grant）的回归系数均为正，统计意义不显著，但经济意义显著，验证了税收优惠对高科技行业创新的长期激励作用。从 T＋0 期至 T＋2 期，税收优惠对高科技行业长期创新（Grant）回归结果的拟合优度均在 29% 以上，最高为 30%。税收优惠对 T＋1 期非高科技行业创新（Grant）的回归系数 0.0887 在 10% 水平上显著，税收优惠对 T＋2 期非高科技行业创新（Grant）的回归系数 0.1183 在 5% 水平上显著，验证了税收优惠对非高科技行业创新的长期激励作用。从 T＋0 期至 T＋2 期，税收优惠对非高科技行业长期创新（Grant）回归结果的拟合优度均在 23% 以上，最高为 25.54%。通过综合比较税收优惠对高科技行业创新（Grant）的回归系数与税收优惠对非高科技行业创新（Grant）的回归系数，税收优惠对高科技行业创新（Grant）的回归系数普遍大于税收优惠对非高科技行业创新（Grant）的回归系数，说明税收优惠对高科技行业的激励效应强于非高科技行业。可能的原因是高科技行业研发投入比例较高，通过研发费用加计扣除政策享受税收优惠的幅度更大，同时高新技术企业享受 15% 的优惠税率，高科技行业享受的税收优惠普遍高于非高科技行业，税收优惠对高科技行业有更强的激励效应。

税收优惠对高科技行业当期创新（IGrant）的回归系数 0.1946 在 10% 的水平上显著，验证了税收优惠对企业创新的正向激励作用。从 T＋0 期至 T＋2 期，税收优惠对高科持行业长期创新（IGrant）回归结果的拟合优度均在 30% 以上，最高为 34.48%。税收优惠对 T＋0 期非高科技行业创新（IGrant）的回归系数 0.1412 在 1% 水平上显著，税收优惠对 T＋1 期非高科技行业创新（IGrant）的回归系数 0.1106 在 1% 水平上显著，验证了税收优惠对非高科技行业创新的长期激励作用。从 T＋0 期至 T＋2 期，税收优惠对非高科技行业长期创新（IGrant）回归结果的拟合优度均在 28% 以上，最高为 32.19%。通过综合比较税收优惠对企业创新（IGrant）的回归系数与税收优惠对企业创新（Grant）的回归系数，税收优惠对企业创新（IGrant）的回归系数普遍大于税收优惠对企业创新（Grant）的回归系数，说明税收优惠对高科技行业的激励效应主要表现为对发明创新（IGrant）的激励效应。

税收优惠对非高科技行业当期创新（UGrant）的回归系数 0.1593 在 1% 的

水平上显著，其他系数均不显著。税收优惠对企业创新（DGrant）的回归中仅有税收优惠对高科技行业当期创新（DGrant）的回归系数 0.0822 在 10% 的水平上显著，其他系数均不显著。

整体来看，高科技行业税收优惠对企业创新有显著的激励效应，激励强度明显强于非高科技行业。高科技行业当期享受的税收优惠对当期及长期企业创新均有正向激励作用，高科技行业税收优惠对创新的激励效应主要表现为对发明创新（IGrant）的激励效应。

（5）小 结

在 T＋0 期至 T＋2 期期间，税收优惠（tax）对处于不同行业的企业创新的回归结果与税收优惠（Tax）对处于不同行业的企业创新的回归结果是一致的。结果显示，企业享受的税收优惠对当期及长期企业创新均有正向激励作用，高科技行业税收优惠的激励效应显著高于非高科技行业。税收优惠对高科技行业的创新有显著的长期效应，其中，税收优惠对专利及发明的激励效应显著大于税收优惠对实用新型及外观设计的激励效应，高科技行业税收优惠对企业创新的激励效应主要表现为对专利创新的激励效应。

表 6-16 行业与税收优惠（Tax）的激励效应（专利授权数）

	高科技行业			非高科技行业		
	Grant	F.Grant	F2.Grant	Grant	F.Grant	F2.Grant
Tax	0.1931	0.0701	0.0853	0.1488	0.0887*	0.1183**
	(1.1067)	(0.6950)	(1.1502)	(0.2376)	(1.7260)	(2.3174)
N	3700	2558	2013	4995	3420	2594
adj.R-sq	0.2935	0.3000	0.2844	0.2347	0.2549	0.2554
	IGrant	F.IGrant	F2.IGrant	IGrant	F.IGrant	F2.IGrant
Tax	0.1946*	0.0611	0.0614	0.1412***	0.1106***	0.0865*
	(1.9720)	(1.1197)	(1.1864)	(4.1705)	(2.9530)	(1.9315)
adj.R-sq	0.3095	0.3213	0.3448	0.2845	0.3199	0.3219

续表

	UGrant	F.UGrant	F2.UGrant	UGrant	F.UGrant	F2.UGrant
Tax	0.0875	0.0756	0.0921	0.1593***	0.1059	0.1362
	(1.0308)	(0.7106)	(1.1595)	(3.0388)	(1.6870)	(1.3309)
adj.R-sq	0.2072	0.2094	0.1797	0.2155	0.2283	0.2180
	DGrant	F.DGrant	F2.DGrant	DGrant	F.DGrant	F2.DGrant
Tax	0.0822*	0.0854	0.0879	0.0526	0.0221	0.0348
	(1.9318)	(1.3408)	(1.2782)	(1.2413)	(0.4669)	(0.6409)
adj.R-sq	0.0856	0.0982	0.0959	0.0794	0.1003	0.1000

（五）不同规模企业税收优惠对创新的激励效应

此处将样本按企业规模二等分为大企业与中小企业。此处分别采用专利、发明、实用新型及外观设计的申请数（Apply）及授权数（Grant）作为企业创新的替代变量，采用 25% 与企业实际税率的差值（tax）及税收优惠绝对值的对数（Tax）作为税收优惠的替代变量，将不同规模企业享受的税收优惠与企业创新分别进行回归。企业创新不仅包含本期创新，还包含长期各期的创新。因篇幅所限，此处采用 T＋0 期至 T＋2 期的创新作为被解释变量，分别与不同规模企业享受的税收优惠进行回归。

（1）规模与税收优惠（tax）的激励效应（专利申请数）

本节分别采用专利、发明、实用新型及外观设计的申请数（Apply）作为企业创新的替代变量，采用 25% 与企业实际税率的差值（tax）作为税收优惠的替代变量，将企业享受的税收优惠（tax）与 T＋0 期至 T＋2 期的不同规模的企业创新（专利 Apply、发明 IApply、实用新型 UApply、外观设计 DApply）分别进行回归。此处预期 β_1 显著为正，即企业享受税收优惠可以激励企业进行长期创新。回归的结果见表 6-17。

税收优惠对大企业当期创新（Apply）的回归系数 0.8072 在 5% 的水平上显著，验证了税收优惠对企业创新的正向激励作用；税收优惠对 T＋1 期及

T + 2 期大企业创新（Apply）的回归系数均在 5% 水平上显著，验证了税收优惠对大企业创新的长期激励作用。税收优惠对 T + 0 期中小企业创新（Apply）的回归系数 0.8365 在 1% 水平上显著，税收优惠对 T + 2 期中小企业创新（Apply）的回归系数 0.6259 在 10% 水平上显著，验证了税收优惠对中小企业创新的长期激励作用。通过综合比较税收优惠对大企业创新（Apply）的回归系数与税收优惠对中小企业创新（Apply）的回归系数，税收优惠对大企业创新（Apply）的回归系数普遍大于税收优惠对中小企业创新（Apply）的回归系数，说明税收优惠对大企业的激励效应强于中小企业。可能的原因是大企业有更强的经济实力进行研发创新，税收优惠进一步激励了大企业进行创新，大企业创新对税收优惠的敏感度更强；中小企业虽然研发意愿充足，但经济实力稍弱，税收优惠对中小企业的创新激励相对较弱。

税收优惠对大企业当期创新（IApply）的回归系数 0.9817 在 1% 的水平上显著，验证了税收优惠对企业创新的正向激励作用；税收优惠对 T + 1 期及 T + 2 期大企业创新（IApply）的回归系数均在 5% 水平上显著，验证了税收优惠对大企业创新的长期激励作用。税收优惠对 T + 0 期中小企业创新（IApply）的回归系数 0.8473 在 1% 水平上显著，税收优惠对 T + 1 期中小企业创新（IApply）的回归系数 0.6587 在 10% 水平上显著，验证了税收优惠对中小企业创新的长期激励作用。通过综合比较税收优惠对企业创新（IApply）的回归系数与税收优惠对企业创新（Apply）的回归系数，税收优惠对企业创新（IApply）的回归系数普遍大于税收优惠对企业创新（Apply）的回归系数，说明税收优惠对大企业的激励效应强于中小企业，税收优惠对大企业的激励效应主要表现为对发明创新（IApply）的激励效应。

税收优惠对大企业当期创新（UApply）的回归系数 0.7935 在 5% 的水平上显著，验证了税收优惠对企业创新的正向激励作用；税收优惠对 T + 1 期大企业创新（UApply）的回归系数在 10% 水平上显著，验证了税收优惠对大企业创新的长期激励作用。税收优惠对大企业当期创新（UApply）的回归系数大于税收优惠对中小企业当期创新（UApply）的回归系数，说明税收优惠对大企业的激励效应强于中小企业。

整体来看，大企业税收优惠对创新有显著的激励效应，激励强度明显强于中小企业。大企业当期享受的税收优惠对当期及长期企业创新均有正向激励作用，大企业税收优惠对创新的激励效应主要表现为对发明创新（IApply）的激励效应。

表 6–17　规模与税收优惠（tax）的激励效应（专利申请数）

	大企业			中小企业		
	Apply	F.Apply	F2.Apply	Apply	F.Apply	F2.Apply
tax	0.8072**	0.8647**	0.7764**	0.8365***	0.6140	0.6259*
	(2.5267)	(2.2580)	(2.0200)	(2.8132)	(1.4670)	(1.6839)
N	5096	3194	2274	5096	3643	2999
adj.R-sq	0.1863	0.2393	0.2460	0.0935	0.0889	0.0912
	IApply	F.IApply	F2.IApply	IApply	F.IApply	F2.IApply
tax	0.9817***	1.1008***	0.9621**	0.8473***	0.6587*	0.7079**
	(3.1033)	(3.1857)	(2.5805)	(3.2136)	(1.8654)	(2.0516)
adj.R-sq	0.1920	0.2646	0.2615	0.1049	0.1105	0.1129
	UApply	F.UApply	F2.UApply	UApply	F.UApply	F2.UApply
tax	0.7935**	0.7388*	0.7764	0.6562*	0.5454	0.3426
	(2.3534)	(1.6909)	(1.6572)	(1.9855)	(1.3111)	(0.7972)
adj.R-sq	0.1834	0.1983	0.2003	0.0670	0.0650	0.0567
	DApply	F.DApply	F2.DApply	DApply	F.DApply	F2.DApply
tax	0.3810	0.2426	0.4134	0.1151	−0.0882	0.0866
	(1.3709)	(0.7129)	(1.0813)	(0.8072)	(−0.4824)	(0.4246)
adj.R-sq	0.0835	0.1290	0.1418	0.0128	0.0115	0.0143

（2）规模与税收优惠（tax）的激励效应（专利授权数）

本节分别采用专利、发明、实用新型及外观设计的授权数（Grant）作为企业创新的替代变量，采用 25% 与企业实际税率的差值（tax）作为税收优惠的替代变量，将企业享受的税收优惠（tax）与 T＋0 期至 T＋2 期的不同规模的企业创新（专利 Grant、发明 IGrant、实用新型 UGrant、外观设计 DGrant）

分别进行回归。此处预期 β_1 显著为正，即企业享受税收优惠可以激励企业进行长期创新。回归的结果见表 6-18。

　　税收优惠对大企业当期创新（Grant）的回归系数 0.7755 在 5% 的水平上显著，验证了税收优惠对企业创新的正向激励作用；税收优惠对 T＋1 期大企业创新（Grant）的回归系数 0.6521 在 10% 水平上显著，验证了税收优惠对大企业创新的长期激励作用。从 T＋0 期至 T＋2 期，税收优惠对大企业长期创新（Grant）回归结果的拟合优度均在 19% 以上，最高为 24.85%。税收优惠对 T＋0 期至 T＋2 期中小企业创新（Grant）的回归系数均为正，虽然统计意义不显著，但经济意义显著，验证了税收优惠对中小企业创新的长期激励作用。从 T＋0 期至 T＋2 期，税收优惠对中小企业长期创新（Grant）回归结果的拟合优度均在 10% 以下。通过综合比较税收优惠对大企业创新（Grant）的回归系数与税收优惠对中小企业创新（Grant）的回归系数，税收优惠对大企业创新（Grant）的回归系数普遍大于税收优惠对中小企业创新（Grant）的回归系数，说明税收优惠对大企业的激励效应强于中小企业。可能的原因是大企业有更强的经济实力进行研发创新，税收优惠进一步激励了大企业进行创新，大企业创新对税收优惠的敏感度更强；中小企业虽然研发意愿充足，但经济实力稍弱，税收优惠对中小企业的创新激励相对较弱。

　　税收优惠对大企业当期创新（IGrant）的回归系数 0.8168 在 1% 的水平上显著，验证了税收优惠对企业创新的正向激励作用；税收优惠对 T＋1 期大企业创新（IGrant）的回归系数在 10% 水平上显著，验证了税收优惠对大企业创新的长期激励作用。从 T＋0 期至 T＋2 期，税收优惠对大企业长期创新（IGrant）回归结果的拟合优度均在 20% 以上，最高为 28.79%。税收优惠对 T＋0 期中小企业创新（IGrant）的回归系数 0.3767 在 5% 水平上显著，税收优惠对 T＋1 期中小企业创新（IGrant）的回归系数 0.4807 在 10% 水平上显著，验证了税收优惠对中小企业创新的长期激励作用。从 T＋0 期至 T＋2 期，税收优惠对中小企业长期创新（IGrant）回归结果的拟合优度均在 10% 以上。通过综合比较税收优惠对企业创新（IGrant）的回归系数与税收优惠对企业创新（Grant）的回归系数，税收优惠对企业创新（IGrant）的回归系数普遍大于税收优惠对企业创新（Grant）的回归系数，说明税收优惠对大企业的激励效应强于中小企业，税收优惠对大企业的激励效应主要表现为对发明创新（IGrant）的激励效应。

税收优惠对大企业当期创新（UGrant）的回归系数 0.8074 在 5% 的水平上显著，验证了税收优惠对企业创新的正向激励作用；税收优惠对 T + 2 期大企业创新（UGrant）的回归系数在 10% 水平上显著，验证了税收优惠对大企业创新的长期激励作用。税收优惠对大企业当期创新（UGrant）的回归系数大于税收优惠对中小企业当期创新（UGrant）的回归系数，说明税收优惠对大企业的激励效应强于中小企业。

整体来看，大企业税收优惠对创新有显著的激励效应，激励强度明显强于中小企业。大企业当期享受的税收优惠对当期及长期企业创新均有正向激励作用，大企业税收优惠对创新的激励效应主要表现为对发明创新（IGrant）的激励效应。

表 6-18　规模与税收优惠（tax）的激励效应（专利授权数）

	大企业			中小企业		
	Grant	F.Grant	F2.Grant	Grant	F.Grant	F2.Grant
tax	0.7755**	0.6521*	1.0420**	0.4782	0.5109	0.4218
	(2.2942)	(1.7132)	(2.5525)	(1.6310)	(1.2202)	(1.0712)
N	5096	3194	2274	5096	3643	2999
adj.R-sq	0.1902	0.2409	0.2485	0.0901	0.0800	0.0764
	IGrant	F.IGrant	F2.IGrant	IGrant	F.IGrant	F2.IGrant
tax	0.8168***	0.6563*	0.8855**	0.3767**	0.4807*	0.4080
	(2.9805)	(1.9334)	(2.2117)	(2.1964)	(1.9925)	(1.5720)
adj.R-sq	0.2033	0.2721	0.2879	0.1056	0.1103	0.1136
	UGrant	F.UGrant	F2.UGrant	UGrant	F.UGrant	F2.UGrant
tax	0.8074**	0.6956	0.9970**	0.5625*	0.5151	0.4064
	(2.1760)	(1.5632)	(2.2088)	(1.6687)	(1.1928)	(0.9337)
adj.R-sq	0.1774	0.1986	0.1955	0.0687	0.0675	0.0585

	DGrant	F.DGrant	F2.DGrant	DGrant	F.DGrant	F2.DGrant
tax	0.3760	0.2729	0.5098	−0.0385	0.0759	0.2262
	(1.4107)	(0.8175)	(1.2117)	(−0.2885)	(0.4272)	(1.0828)
adj.R-sq	0.0850	0.1285	0.1327	0.0109	0.0092	0.0123

（3）规模与税收优惠（Tax）的激励效应（专利申请数）

本节分别采用专利、发明、实用新型及外观设计的申请数（Apply）作为企业创新的替代变量，采用税收优惠绝对值对数（Tax）作为税收优惠的替代变量，将企业享受的税收优惠（Tax）与 T ＋ 0 期至 T ＋ 2 期的不同规模的企业创新（专利 Apply、发明 IApply、实用新型 UApply、外观设计 DApply）分别进行回归。此处预期 β_1 显著为正，即企业享受税收优惠可以激励企业进行长期创新。回归的结果见表 6-19。

税收优惠对大企业当期创新（Apply）的回归系数 0.1590 在 1% 的水平上显著，验证了税收优惠对企业创新的正向激励作用；税收优惠对 T ＋ 1 期及 T ＋ 2 期大企业创新（Apply）的回归系数均在 1% 水平上显著，验证了税收优惠对大企业创新的长期激励作用。从 T ＋ 0 期至 T ＋ 2 期，税收优惠对大企业长期创新（Apply）回归结果的拟合优度均在 18% 以上，最高为 24.73%。税收优惠对 T ＋ 0 期中小企业创新（Apply）的回归系数 0.1188 在 1% 水平上显著，税收优惠对 T ＋ 1 期中小企业创新（Apply）的回归系数 0.1194 在 10% 水平上显著，验证了税收优惠对中小企业创新的长期激励作用。从 T ＋ 0 期至 T ＋ 2 期，税收优惠对中小企业长期创新（Apply）回归结果的拟合优度均在 11% 以下。通过综合比较税收优惠对大企业创新（Apply）的回归系数与税收优惠对中小企业创新（Apply）的回归系数，税收优惠对大企业创新（Apply）的回归系数普遍大于税收优惠对中小企业创新（Apply）的回归系数，说明税收优惠对大企业的激励效应强于中小企业。可能的原因是大企业有更强的经济实力进行研发创新，税收优惠进一步激励了大企业进行创新，大企业创新对税收优惠的敏感度更强；中小企业虽然研发意愿充足，但经济实力稍弱，税收优惠对中小企业的创新激励相对较弱。

税收优惠对大企业当期创新（IApply）的回归系数 0.1920 在 1% 的水平上显著，验证了税收优惠对企业创新的正向激励作用；税收优惠对 T＋1 期及 T＋2 期大企业创新（IApply）的回归系数均在 1% 水平上显著，验证了税收优惠对大企业创新的长期激励作用。从 T＋0 期至 T＋2 期，税收优惠对大企业长期创新（IApply）回归结果的拟合优度均在 19% 以上，最高为 26.76%。税收优惠对 T＋0 期中小企业创新（IApply）的回归系数 0.1611 在 1% 水平上显著，税收优惠对 T＋1 期中小企业创新（IApply）的回归系数 0.1316 在 1% 水平上显著，验证了税收优惠对中小企业创新的长期激励作用。从 T＋0 期至 T＋2 期，税收优惠对中小企业长期创新（IApply）回归结果的拟合优度均在 10% 以上。通过综合比较税收优惠对企业创新（IApply）的回归系数与税收优惠对企业创新（Apply）的回归系数，税收优惠对企业创新（IApply）的回归系数普遍大于税收优惠对企业创新（Apply）的回归系数，说明税收优惠对大企业的激励效应强于中小企业，税收优惠对大企业的激励效应主要表现为对发明创新（IApply）的激励效应。

税收优惠对大企业当期创新（UApply）的回归系数 0.1361 在 1% 的水平上显著，验证了税收优惠对企业创新的正向激励作用；税收优惠对 T＋1 期及 T＋2 期大企业创新（UApply）的回归系数均在 5% 水平上显著，验证了税收优惠对大企业创新的长期激励作用。税收优惠对大企业当期创新（UApply）的回归系数大于税收优惠对中小企业当期创新（UApply）的回归系数，说明税收优惠对大企业的激励效应强于中小企业。

整体来看，大企业税收优惠对创新有显著的激励效应，激励强度明显强于中小企业。大企业当期享受的税收优惠对当期及长期企业创新均有正向激励作用，大企业税收优惠对创新的激励效应主要表现为对发明创新（IApply）的激励效应。

表 6-19 规模与税收优惠（Tax）的激励效应（专利申请数）

	大企业			中小企业		
	Apply	F.Apply	F2.Apply	Apply	F.Apply	F2.Apply
Tax	0.1590***	0.1389***	0.1666***	0.1188**	0.1194*	0.1566**
	(3.3011)	(2.9591)	(3.3889)	(2.3494)	(1.9928)	(2.5257)
N	4128	2654	1864	4567	3324	2743
adj.R-sq	0.1890	0.2439	0.2473	0.0988	0.1018	0.1006
	IApply	F.IApply	F2.IApply	IApply	F.IApply	F2.IApply
Tax	0.1920***	0.1724***	0.1806***	0.1611***	0.1316***	0.1764***
	(4.5625)	(4.4262)	(3.8759)	(3.9784)	(3.1577)	(3.5568)
adj.R-sq	0.1977	0.2676	0.2607	0.1147	0.1219	0.1260
	UApply	F.UApply	F2.UApply	UApply	F.UApply	F2.UApply
Tax	0.1361***	0.1223**	0.1649***	0.0697	0.0738	0.0794
	(2.7641)	(2.4188)	(3.5370)	(1.1603)	(1.0043)	(0.9868)
adj.R-sq	0.1840	0.2030	0.2012	0.0708	0.0716	0.0623
	DApply	F.DApply	F2.DApply	DApply	F.DApply	F2.DApply
Tax	0.0825*	0.0531	0.0691	0.0304	0.0164	0.0262
	(1.9693)	(1.1266)	(1.0874)	(1.1943)	(0.4214)	(0.6802)
adj.R-sq	0.0899	0.1372	0.1497	0.0120	0.0109	0.0136

（4）规模与税收优惠（Tax）的激励效应（专利授权数）

本节分别采用专利、发明、实用新型及外观设计的授权数（Grant）作为企业创新的替代变量，采用税收优惠绝对值对数（Tax）作为税收优惠的替代变量，将企业享受的税收优惠（Tax）与 T＋0 期至 T＋2 期的不同规模的企业创新（专利 Grant、发明 IGrant、实用新型 UGrant、外观设计 DGrant）分别进行回归。此处预期 β_1 显著为正，即企业享受税收优惠可以激励企业进行长期创新。回归的结果见表 6-20。

税收优惠对大企业当期创新（Grant）的回归系数 0.1618 在 1% 的水平上显著，验证了税收优惠对企业创新的正向激励作用；税收优惠对 T＋1 期大企业创新（Grant）的回归系数 0.0916 在 10% 水平上显著，验证了税收优惠对大企业创新的长期激励作用。从 T＋0 期至 T＋2 期，税收优惠对大企业长期创新（Grant）回归结果的拟合优度均在 19% 以上，最高为 24.65%。税收优惠对 T＋0 期至 T＋2 期中小企业创新（Grant）的回归系数均为正，虽然统计意义不显著，但经济意义显著，验证了税收优惠对中小企业创新的长期激励作用。从 T＋0 期至 T＋2 期，税收优惠对中小企业长期创新（Grant）回归结果的拟合优度均在 10% 以下。通过综合比较税收优惠对大企业创新（Grant）的回归系数与税收优惠对中小企业创新（Grant）的回归系数，税收优惠对大企业创新（Grant）的回归系数普遍大于税收优惠对中小企业创新（Grant）的回归系数，说明税收优惠对大企业的激励效应强于中小企业。可能的原因是大企业有更强的经济实力进行研发创新，税收优惠进一步激励了大企业进行创新，大企业创新对税收优惠的敏感度更强；中小企业虽然研发意愿充足，但经济实力稍弱，税收优惠对中小企业的创新激励相对较弱。

税收优惠对大企业当期创新（IGrant）的回归系数 0.1771 在 1% 的水平上显著，验证了税收优惠对企业创新的正向激励作用；税收优惠对 T＋1 期大企业创新（IGrant）的回归系数在 1% 水平上显著，验证了税收优惠对大企业创新的长期激励作用。从 T＋0 期至 T＋2 期，税收优惠对大企业长期创新（IGrant）回归结果的拟合优度均在 20% 以上，最高为 28.34%。税收优惠对 T＋0 期中小企业创新（IGrant）的回归系数 0.0790 在 5% 水平上显著；税收优惠对 T＋1 期中小企业创新（IGrant）的回归系数 0.0864 在 5% 水平上显著，验证了税收优惠对中小企业创新的长期激励作用。从 T＋0 期至 T＋2 期，税收优惠对中小企业长期创新（IGrant）回归结果的拟合优度均在 10% 以上。通过综合比较税收优惠对企业创新（IGrant）的回归系数与税收优惠对企业创新（Grant）的回归系数，税收优惠对企业创新（IGrant）的回归系数普遍大于税收优惠对企业创新（Grant）的回归系数，说明税收优惠对大企业的激励效应强于中小企业，税收优惠对大企业的激励效应主要表现为对发明创新（IGrant）的激励效应。

税收优惠对大企业当期创新（UGrant）的回归系数 0.1380 在 1% 的水平上

显著，验证了税收优惠对企业创新的正向激励作用；税收优惠对 T＋1 期大企业创新（UGrant）的回归系数 0.1010 在 5% 水平上显著，验证了税收优惠对大企业创新的长期激励作用。税收优惠对大企业当期创新（UGrant）的回归系数大于税收优惠对中小企业当期创新（UGrant）的回归系数，说明税收优惠对大企业的激励效应强于中小企业。

整体来看，大企业税收优惠对创新有显著的激励效应，激励强度明显强于中小企业。大企业当期享受的税收优惠对当期及长期企业创新均有正向激励作用，大企业税收优惠对创新的激励效应主要表现为对发明创新（IGrant）的激励效应。

（5）小 结

在 T＋0 期至 T＋2 期期间，税收优惠（tax）对不同规模的企业创新的回归结果与税收优惠（Tax）对不同规模的企业创新的回归结果是一致的。结果显示，企业享受的税收优惠对当期及长期企业创新均有正向激励作用，大企业税收优惠的激励效应显著高于中小企业。税收优惠对大企业的创新有显著的长期效应，其中，税收优惠对专利及发明的激励效应显著大于税收优惠对实用新型及外观设计的激励效应，大企业税收优惠对企业创新的激励效应主要表现为对专利创新的激励效应。

表 6-20　规模与税收优惠（Tax）的激励效应（专利授权数）

		大企业			中小企业	
	Grant	F.Grant	F2.Grant	Grant	F.Grant	F2.Grant
Tax	0.1618***	0.0916*	0.1272***	0.0734	0.0615	0.0904
	(3.2945)	(1.9891)	(2.9130)	(1.5935)	(0.8877)	(1.3820)
N	4128	2654	1864	4567	3324	2743
adj.R-sq	0.1991	0.2435	0.2465	0.0975	0.0887	0.0869
	IGrant	F.IGrant	F2.IGrant	IGrant	F.IGrant	F2.IGrant
Tax	0.1771***	0.1152***	0.0849**	0.0790**	0.0864**	0.0924*
	(4.8638)	(3.0434)	(2.2330)	(2.6483)	(2.4928)	(1.9587)
adj.R-sq	0.2134	0.2709	0.2834	0.1158	0.1179	0.1284

	UGrant	F.UGrant	F2.UGrant	UGrant	F.UGrant	F2.UGrant
Tax	0.1380***	0.1010**	0.1437***	0.0771	0.0497	0.0751
	(2.8219)	(2.0652)	(3.0551)	(1.4405)	(0.6193)	(1.0297)
adj.R-sq	0.1850	0.2039	0.1934	0.0742	0.0737	0.0662
	DGrant	F.DGrant	F2.DGrant	DGrant	F.DGrant	F2.DGrant
Tax	0.0903**	0.0442	0.0730	0.0121	0.0273	0.0376
	(2.2356)	(0.8899)	(1.1568)	(0.4308)	(0.6878)	(0.9632)
adj.R-sq	0.0912	0.1361	0.1407	0.0098	0.0089	0.0107

第七章　研究结论及建议

一、研究结论

本书以沪深 A 股上市公司为研究样本，多角度检验了税收优惠对企业创新的激励效应，为充分发挥财税政策的激励效应，优化财税政策导向，加强财税政策的针对性提供了实证依据。主要结论如下：

（1）本书通过逐步回归模型验证了税收优惠对企业创新的激励效应，通过双向固定效应模型检验了各会计年度税收优惠政策的不断变化对企业创新的激励效应及不同幅度税收优惠对企业创新的激励效应。企业享受的税收优惠对企业创新均有正向激励作用，企业税率越低，企业创新能力越强；税收优惠对专利及发明的激励效应显著大于税收优惠对实用新型及外观设计的激励效应，税收优惠对企业创新激励效应主要为对发明的激励效应。

（2）本书通过双向固定效应模型检验了税收优惠对企业长期创新的激励效应及持续性税收优惠对企业创新的激励效应。企业当期享受的税收优惠对当期及长期企业创新均有正向激励作用，税收优惠对创新有显著的长期效应，其中，税收优惠对专利及发明的激励效应显著大于税收优惠对实用新型及外观设计的激励效应，税收优惠对创新的激励效应主要表现为税收优惠对发明的激励效应。企业享受的持续性税收优惠对当期及长期企业创新均有正向激励作用，持续性税收优惠对企业创新有显著的长期效应，其中，持续性税收优惠对专利及发明的激励效应显著大于持续性税收优惠对实用新型及外观设计的激励效应。

（3）本书通过双向固定效应模型检验了不同企业性质、不同经济区域、不同生命周期、不同行业、不同规模的情况下税收优惠对企业创新的激励效应，实证结果验证了税收优惠对创新存在异质性，国有企业、成长期与成熟期企业、大企业、高科技行业、东部区域的企业创新对税收优惠更敏感。

二、建议

（一）完善税收优惠政策体系

目前，我国促进企业创新的税收优惠政策仍然分散在各个暂行条例、实施细则或者部门规章之中，尚未形成独立完善的统一体系。分散的政策分布导致各优惠政策之间协同程度不够，无法有效发挥作用。此外，与法律形式的税收优惠政策相比，暂行条例、实施细则、部门规章相对缺少政策权威。从美国、日本、韩国、德国等国家的经验来看，为促进企业创新建立独立完善的税收优惠政策体系至关重要。西方发达国家的相关税收优惠政策往往以法律的形式确定，涉及从直接税到间接税多个税种，全面覆盖企业生产经营过程。当下我国正在大力推进税收法定进程，以法律的形式确立完善的税收优惠政策，可以使我国的税收优惠政策具备更强的权威性，有利于企业充分享受国家的政策红利，借助政府的优惠政策积极提升自身的创新能力及技术研发水平。

（二）加强制度环境建设

良好的制度环境是各项政策实施的前提和保障，因此，构建公正平等的制度环境建设就显得尤为重要。一方面，完善支持政策的事前、事中和事后监督机制。明确支持定位，制定评估机制，消除政策歧视，科学制定追踪评估机制，实时监督企业的研发进展，并制定相关"违约规定"，激发企业研发创新的积极性和主动性。通过提高政策实施的透明度和公平性，切断企业与政府官员的寻租通道，减少政府官员向企业寻租的机会，降低企业通过寻租获得发展的激励。另一方面，应弱化行政审批、引入市场机制。依靠政治关联这种非市场手段支持企业发展，会降低社会整体的资源配置效率，影响整个经济社会的良性发展。故政府应当逐步下放对经济资源管理的行政审批权力，弱化政府在经济发展中的作用，发挥市场在资源配置中的决定性作用，由市场选择研发方向、创新项目、要素价格和资源配置，实现创新发展的正确目标，使企业进入良性的竞争轨道。政府应当逐步下放对经济资源管理的行政审批权力，明确责任清单，破除行政垄断。通过提高政策实施的透明度和公平性，切断企业与政府官员的寻租通道，减少政府官员向企业寻租的机会，降低企业通过寻租获得发展的激励，逐步形成市场配置资源的有效机制和科技创新的激励约束机制，使企业进入良性的竞争轨道，推进中国经济的市场化进程。

（三）全面实施税收优惠政策

税收政策强调维护市场的公平机制，应该打破区域、行业、产业和所有制的歧视，使企业享受平等的税收待遇。现行科技税收政策主要针对软件、集成电路等高新技术产业。事实上，不同产业和不同产业的不同阶段都需要通过创新实现升级。我们应该有重点地全面实施税收优惠政策，不论企业所处地点、行业、产业和发展阶段，只要企业所从事的经营活动符合创新政策的要求，就应该享受相应的税收优惠政策。税收优惠政策作为宏观调控手段，重要的是把握和平衡对各支持对象的支持力度，在有侧重的前提下实现全面支持，体现公平性。有重点地支持战略性新兴产业。战略性新兴产业重视技术突破，代表未来产业和经济的发展方向，强调以新技术、新材料和新工艺为基础，减少原材料和能源的物质消耗，提高资源利用率，产品附加值较高，最能综合反映经济运行水平。发展战略新兴产业，可以在激烈的国际竞争中赢得一席之地，获得丰厚的外贸收益，提升利润空间。加大战略性新兴产业的支持十分必要。

（四）提升中小企业支持力度

当前我国大部分税收政策并没有考虑企业差别，一刀切的税收优惠政策往往有利于大型企业，专门针对中小企业研发创新的税收优惠政策并不多，政策缺乏针对性。我国国情是中小企业占据绝大多数，因此在制定优惠政策时应侧重中小企业。中小企业的人数较少，组织结构相对简单，接受新思想、新技术、新材料、新产品和新管理的能力较强，且实验成本低、损失少，是新商品试验的有利载体。同时，灵活的经营方式和低廉的管理成本等优势使其更能适应当今变幻莫测的市场需求，为市场带来创新的热情和活力。虽然在激烈的竞争中，很多中小企业会经过优胜劣汰，但是这个过程对于市场经济的发展具有巨大的推动作用。众多中小企业的诞生缓解了社会人员的就业压力，保证了社会稳定。由此可见，中小企业是经济社会快速发展的新生力量，在推动国家创新发展的过程中起着不可替代的作用。中小企业在发展初期面对较大的竞争压力，自身抵抗风险能力较弱，研发创新的意愿相对较低。加大中小企业税收优惠支持力度，增强税收优惠政策的针对性，中小企业在研发创新方面享受相比大型企业更多的政策红利，在一定程度上能够促进中小企业提高自身的技术创新能力，推动我国企业更加均衡健康的发展。

（五）提高间接优惠比重

企业所得税的间接优惠是指通过减计企业的营业收入或者是增加当期营业成本的方式来降低企业的税负，比如税法规定研发费用加计 75% 扣除和固定资产的加速折旧等。相比高新技术企业享受 15% 优惠税率的直接优惠方式，间接优惠作用于企业研发创新的前期及中期，对企业研发投入的激励作用要更为强烈。直接税收优惠一般属于对企业事后利益的让渡，而间接优惠则是一种对企业前期研发活动的鼓励。相比直接优惠，间接优惠发生时间更早，更有利于刺激企业加大研发投入。考虑到研发活动对企业的重要性，采用更多的间接优惠政策能够给予企业更强的前期研发创新支持。目前我国企业所得税优惠政策中的间接优惠形式主要包括企业研发费用加计 75% 扣除以及固定资产加速折旧两种。完善间接税收优惠方式可以借鉴日本经验，即在加大企业研发费用扣除比例的同时实施税额抵扣。目前我国关于研发费用加计扣除的范围已经扩大到所有企业，通信设备制造企业和其他企业享受一样的加计扣除，为了鼓励通信设备制造企业加大创新力度，可以尝试在研发费用加计扣除的基础上实行税额抵扣，对企业当年研发费用超过一定标准的额度可以直接抵免当年的应纳税额。

（六）制定研发人员税收优惠政策

企业创新的关键就是研发人员。研发人员是决定企业创新竞争力的核心，培养和引进优秀研发人员已经成为各个高新技术企业的战略任务。国外很多国家都颁布了针对科研人员的个人税收优惠，美国规定企业科研人员因技术贡献从其任职企业获取的股权形式激励可以在其转让时享受特别的个人所得税优惠；韩国为吸引更多的国外科研人员到本国从事研发工作，规定从事创新工作的国外科研人员取得的个人收入可以在前五年内免征个人所得税，超过五年期限的可以享受专门的优惠税率。企业研发人员是企业创新的关键力量，颁布针对企业科研人员的税收优惠，能够帮助科研人员减轻税收负担，提升其创新积极性。目前我国针对创新人才的税收优惠政策并不多，不利于激发研发人才的创新积极性。通过实施针对研发人员的税收优惠政策，在一定程度上可以激励科研工作者投身技术研发，提高国家整体创新能力。

三、未来展望

本书以沪深 A 股上市公司为研究样本，检验了税收优惠对企业创新的激励效应。我国当前的税收优惠政策体系以企业所得税为主，具体形式包括直接优惠与间接优惠。由于数据搜集原因，本书采用企业所得税实际税率综合衡量企业享受税收优惠的幅度，并未深入研究企业享受的不同优惠政策对企业的不同影响，未来研究考虑在细化税收优惠政策效果方面展开。

税收优惠政策是我国促进企业创新的重要宏观调控手段。政府应该结合国家的产业发展现状、市场需求等，合理设计税收优惠政策的实施广度、深度、范围和实施过程，在利用税收优惠政策激励企业创新的过程中，着力提升税收优惠政策的针对性。从各国税收优惠政策发展趋势来看，边际税率保持下降趋势。但我们应当注意到，单纯降低边际税率的税收优惠政策并不可行。当激励企业创新的税收优惠达到一定程度，给政府带来的税收收入损失将远远超过激励企业技术创新的收益，因此，以降低税率为主的税收优惠政策在促进技术创新过程中的作用非常有限。不同的税收优惠政策发挥的效用存在一定的差异，并且存在互补关系，需要根据不同优惠政策的适用范围进行科学的选择与组合，充分发挥各种税收优惠政策的有效性。目前主要实行以间接优惠政策为主的综合激励方式来规避不同税收优惠政策的缺点，发挥不同税收优惠政策的长处，以实现税收创新激励效应最大化。因此，寻找各种税收优惠政策的最优组合是创新研究需要关注的方向。

参考文献

[1] Paul M. Romer.Increasing Returns and Long-Run Growth [J] . *Journal of Political Economy*, 1986, 94(5).

[2] Hall B, Van Reenen J. How effective are fiscal incentives for R&D? A review of the evidence [J] . *Research Policy*. 2000, 29(4).

[3] David Held, Anthony McGrew, David Goldblatt, Jonathan Perraton. Global Transformations: Politics, Economics and Culture [J] . *Politics at the Edge*. 2000, 15（3）.

[4] Engers M, Mitchell S K. R&D policy with layers of economic integration [J] . *European Economic Review*. 2005, 50(7).

[5] Berger M. Technological Capabilities and Innovation in Southeast Asia [J] . *Science, Technology & Society*. 2006, 11(1).

[6] Michael Peneder.The problem of private under-investment in innovation: A policy mind map [J] ., *Technovation*. 2008(28).

[7] Cappelen Å, Raknerud A, Rybalka M. The effects of R&D tax credits on patenting and innovations [J] . *Research Policy*. 2011, 41(2).

[8] Edwin Mansfield.Patents and Innovation: An Empirical Study [J] . *Management Science*. 1986(32).

[9] Estache, A., and V. Gaspar,. *Why Tax Incentives Do Not Promote Investment in Brazil* [J] . Fiscal Incentives for Investment and Innovation (Oxford University Press: Oxford, 1995).

［10］Baghana R, Mohnen P. Effectiveness of R&D tax incentives in small and large enterprises in Québec［J］. *Small Business Economics*. 2009, 33(1).

［11］Thomson R. Tax Policy and R&D Investment by Australian Firms［J］. *Economic Record*. 2010, 86(273).

［12］Desiderio Romero-Jordán, María Jesús Delgado-Rodríguez, Inmaculada Álvarez-Ayuso, Sonia Lucas-Santos. Assessment of the public tools used to promote R&D investment in Spanish SMEs［J］. *Small Business Economics*, 2014, 43(4).

［13］Kasahara H, Shimotsu K, Suzuki M. Does an R&D tax credit affect R&D expenditure? The Japanese R&D tax credit reform in 2003［J］. *Journal of The Japanese and International Economies*. 2014, 31.

［14］Griliches, Z. *Productivity, R&D, and the data constraint*［J］. R&D and productivity: The econometric evidence.University of Chicago Press.1998.

［15］Atanassov, J., and X. Liu. Can Corporate Income Tax Cuts Stimulate Innovation? ［J］. *Journal of Financial and Quantitative Analysis*. 2019, 55 (5).

［16］Le Mens, G., M. T. Hannan, and L. Polos. Founding conditions, learning, and organizational life chances: Age dependence revisited［J］. *Administrative Science Quarterly*. 2011, 56 (1).

［17］李嘉明，乔天宝.高新技术产业税收优惠政策的实证分析［J］.技术经济，2010，29（02）：45–49＋73.

［18］张信东，武俊俊.政府 R&D 资助强度、企业 R&D 能力与创新绩效——基于创业板上市公司的经验证据［J］.科技进步与对策，2014，31（22）：7–13.

［19］魏鸿.基层组织服务体系建设助推地方治理创新［J］.理论与当代，2015（10）：26–27.

［20］郭炬，叶阿忠，陈泓.是财政补贴还是税收优惠——政府政策对技术创新的影响［J］.科技管理研究，2015，35（17）：25–31+46.

［21］江希和，王水娟.企业研发投资税收优惠政策效应研究［J］.科研管理，

2015, 36（06）：46-52.

［22］郑春美，李佩.政府补助与税收优惠对企业创新绩效的影响——基于创业板高新技术企业的实证研究［J］.科技进步与对策，2015，32（16）：83-87.

［23］李艳艳，王坤.企业行为约束下技术创新所得税激励政策效应研究［J］.科技进步与对策，2016，33（04）：102-105.

［24］陈涛.中关村自主创新税收优惠政策效应分析［J］.税务研究，2016（06）：102-106.

［25］张凯，林小玲，吴松彬.企业所得税减免能否促进创新投入——基于2011—2015年企业面板数据的实证分析［J］.河北经贸大学学报，2017，38（05）：38-46.

［26］陈林峰.我国现行激励企业技术创新税收政策评析［J］.税务研究，2017（03）：38-42.

［27］储德银，纪凡，杨珊.财政补贴、税收优惠与战略性新兴产业专利产出［J］.税务研究，2017（04）：99-104.

［28］李维安，李浩波，李慧聪.创新激励还是税盾——高新技术企业税收优惠研究［J］.科研管理，2016，37（11）：61-70.

［29］袁建国，范文林，程晨.税收优惠与企业技术创新——基于中国上市公司的实证研究［J］.税务研究，2016（10）：28-33.

［30］倪婷婷，王跃堂.增值税转型促进了企业研发投入吗［J］.科学学研究.2018，36（10）：1848-1856.

［31］冯海波，刘胜.所得课税、风险分担异质性与创新［J］.中国工业经济.2017（8）：138-155.

［32］李香菊，贺娜.税收激励有利于企业技术创新吗？［J］经济科学，2019（01）：18-30.

［33］乔天宝.促进高新技术产业技术创新的税收优惠政策实证研究［D］.重庆大学，2010.

［34］水会莉，韩庆兰.基于源流管理的产品生命周期成本控制责任模型构建［J］.

财会月刊，2014（19）：3-7.

［35］杨国超，刘静，廉鹏等.减税激励、研发操纵与研发绩效［J］.经济研究.2017，52（08）：110-124.

［36］王春元.税收优惠刺激了企业 RD 投资吗［J］.科学学研究.2017，35（2）：255-263.

［37］吴秀波.政府资助企业间合作 R&D 的绩效评价研究以及政策启示［J］.产业经济研究，2007（01）：31-37.

［38］戴晨，刘怡.税收优惠与财政补贴对企业 R&D 影响的比较分析［J］.经济科学，2008（03）：58-71.

［39］徐晏.企业研发投入影响因素的研究文献综述［J］.金融经济，2014（24）：114-116.

［40］李昕.税收优惠政策对企业技术创新的影响效应研究［D］.武汉大学，2017.

［41］褚清梅.企业所得税的创新驱动效应研究［D］.云南财经大学，2020.

［42］李豪杰.企业所得税优惠政策对通信设备制造企业创新的影响研究［D］.上海海关学院，2020.

［43］林苞.知识溢出与创业——基于中国地区数据的研究［J］.科学学与科学技术管理，2013，34（09）：142-148.